本书获得国家社科规划基金一般项目

"中小企业融资服务体系中政府与市场作用有效性研究"（14BJY198）、

福建省社会科学研究基地财务与会计研究中心共同资助

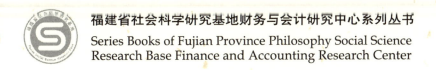

福建省社会科学研究基地财务与会计研究中心系列丛书

Series Books of Fujian Province Philosophy Social Science
Research Base Finance and Accounting Research Center

中小企业融资服务有效性：政府与市场作用辨析

薛 菁 罗妙成 / 著

EFFECTIVENESS OF GOVERNMENT AND MARKET FUNCTION IN THE FINANCING SERVICE SYSTEM FOR SMALL AND MEDIUM-SIZED ENTERPRISES

中国财经出版传媒集团

经济科学出版社
Economic Science Press

目录

Contents

绪　论

一、研究背景与研究意义

中小企业在一国经济发展中占重要地位。在经济新常态下，中小企业的发展深刻影响着我国经济，是推进我国供给侧结构性改革的重要力量。2015年全国规模以上中小工业企业（主营业务收入 2000 万元）占规模以上工业企业数量的 97.4%；实现税金 2.5 万亿元，占规模以上工业企业税金总额的 49.2%；完成利润 4.1 万亿元，占规模以上工业企业利润总额的 64.5%；中小企业提供了 80% 以上的城镇就业岗位。[①] 2016 年末，全国规模以上中小工业企业达 37.0 万户，比 2015 年末增加 0.5 万户企业。其中，中型企业5.4 万户，占中小企业户数的 14.6%；小型企业 31.6 万户，占中小企业户数的 85.4%。[②] 改革开放以来，我国中小企业发展环境日益改善，但融资难这一世界性难题仍困扰着我国广大中小企业，融资约束制约着中小企业技术创新和转型升级，影响着中小企业的发展。

中小企业融资困难归咎于企业规模小、营利能力低、信用水平低、抵押担保缺乏、信息不透明等微观因素，也归咎于缺乏一个有利于中小企业融资的宏观环境，如健全的信用体系、活跃的金融创新氛围、良好的信息对称通道等，而这些问题的解决需要政府介入。世界各国政府从行政管理、制度规范、财政金融等方面对中小企业融资给予积极扶持，努力为中小企业发展创造良好的融资环境。我国政府也十分重视中小企业融资难问题，20 世纪 90年代以来，建立了政策性信用担保，发展了政策性金融，创立了政府背景的

---

① 《工业和信息化部关于印发促进中小企业发展规划（2016—2020 年）的通知》，http：// www. miit. gov. cn/n1146285/n1146352/n3054355/n3057267/n3057273/c5390662/content. html，2016 – 07 – 05。

② 工信部中小企业司：《2016 年中国中小企业运行报告》，http：//www. lwzb. gov. cn/pub/gjtjl-wzb/sjyfx/201705/t20170524_3750. html，2017 – 05 – 24。

风险投资公司，设立了以弥补中小企业资金缺口为目的的各类财政投资基金，推动了多层次资本市场的形成，鼓励金融市场创新支持中小企业发展，加强了对民间金融借贷的规范，着手建立社会信用体系，改善中小企业融资外部环境，逐步形成了各级政府为主导、金融机构、民间信贷等市场主体积极配合，共同为中小企业融资服务的支持体系。但是，我国中小企业特别是小微企业融资困境并没有得到显著改善。以 2015 年、2016 年和 2017 年的对比数据为例。2015 年末，小微企业贷款余额占金融机构企业贷款余额的31.2%；[①] 2016 年 12 月末，小微企业贷款余额占金融机构企业贷款余额的32.1%，仅比 2015 年同期增加不到 1 个百分点；[②] 2017 年末，小微企业贷款余额占金融机构企业贷款余额的 33%，比 2016 年同期增加不到 1 个百分点。[③] 这说明我国以政府为主导的中小企业融资服务体系为中小企业融资服务的效率不高，究其原因，除广为认可的体制、经济、法律等原因外，还有一个因素常被忽略，即政府和市场在中小企业融资服务市场中的职能分工问题。中小企业融资毕竟是市场问题，最终依然需要依靠市场自行配置，政府的干预是有条件的，干预过度将会带来低效率、抑制市场金融服务创新、寻租腐败等问题，影响中小企业融资服务的效率。

我国实行市场经济已有 20 多年，从最初的以政府为主导到党的十八大提出要"让市场在资源配置中起决定性作用"，再到正在进行的供给侧结构性改革要求"既要尊重市场规律、善用市场机制解决问题，又要让政府勇担责任、干好自己该干的事"，党的十九大报告中也提出"使市场在资源配置中起决定性作用，更好发挥政府作用"，政府和市场的关系及作用随着市场经济发展的深化在不断调整。中小企业融资服务市场也是如此，近年来我国中小企业融资环境也处在不断变化之中：财政资金、银行等金融机构贷款、互联网金融、民间信贷、资本市场等多样化资金来源共同服务于中小企业融资；政策性金融、融资担保、融资担保保险、风险投资、中小企业集合债等融资服务创新工具陆续加入中小企业融资服务中。这些对政府与市场在

---

① 中国人民银行：《2015 年第四季度金融机构贷款投向统计报告》，http://finance.ce.cn/rolling/201601/23/t20160123_8499311.shtml，2016 – 01 – 23。

② 中国人民银行：《2016 年第四季度金融机构贷款投向统计报告》，http://www.cfen.com.cn/sjpd/jrtz/201701/t20170123_2526001.html，2017 – 01 – 23。

③ 中国人民银行：《2017 年第四季度金融机构贷款投向统计报告》，https://www.jrzj.com/204942.html，2018 – 01 – 22。

中小企业融资服务体系中的作用功能的界定提出动态调整的要求。同时，中小企业规模、所处生产周期、所从事行业、所处地域等特征的差异也造成了政府和市场为中小企业融资服务效率的差异。因此，我国政府和市场在中小企业融资服务体系中的职能分工是一个复杂的课题，与其相关的研究不仅具有学术价值，而且随着普惠制金融概念的提出和被认可、供给侧结构性改革的深化、中小企业促进法的修订，政府和市场在中小企业融资服务体系中关系的研究越发具有现实必要性和实践价值。

二、研究内容与结构

本书以"提高中小企业融资服务效率，缓解中小企业融资困境"为视角，在已有研究成果的基础上，进一步探析多元化中小企业融资服务主体中政府、市场、社会的作用有效性问题。政府为什么要介入中小企业融资市场？介入后的效果如何？政府和市场在中小企业融资服务中的职能是如何分工的？这种分工受哪些因素影响？在具体的政府干预手段下，这种分工又呈现出怎样的变化？怎样有效发挥政府和市场在中小企业融资服务中的职能及需要哪些配套措施支持？对这些问题的理论探讨和实证分析，构成了本书研究的主要内容。本书将围绕这些问题沿着理论探讨—实证分析—对策建议的思路对中小企业融资服务体系中政府与市场作用有效性进行研究，具体结构如下：

1. 中小企业融资的市场失灵与融资支持中的政府失灵

本部分描述了中小企业融资中市场失灵的主要表现，借助动态博弈模型验证了造成中小企业融资市场失灵的主要原因是资金供需双方的信息不对称以及政府介入能在一定程度上弥补中小企业融资中的市场失灵。概述了世界各国政府常用的扶持中小企业融资的方式，探究了政府干预中小企业融资出现失灵的原因，并列举了我国中小企业融资服务市场中政府干预失效的主要表现。

2. 中小企业融资服务体系中政府与市场作用有效性理论边界

中小企业融资服务市场体系中市场失灵和政府失灵共存要求正确认识与合理界定政府及市场在中小企业融资服务体系中的作用边界。本部分对此在理论上进行了探讨：借鉴交易成本理论和制度可能性边界模型描述了中小企业融资服务体系中市场配置资源无序成本和政府干预成本之间的替代关系；

探讨了政府和市场在中小企业融资服务市场中的最佳作用组合点；探究了中小企业特征、融资服务体系中各参与主体的合作关系、宏观环境等宏微观因素对中小企业融资服务体系中政府与市场职能边界变化的影响；并对我国政府在中小企业融资服务中职能变化的逻辑规律进行归纳。

3. 政策性银行、商业银行、民间信贷在中小企业融资服务体系中作用有效性分析

政策性银行、商业银行、民间信贷是我国中小企业取得外源债务性信贷资金的主要渠道，三种不同性质的资金供给方在为中小企业提供信贷业务时不同的行为选择反映了政府、市场、社会在中小企业融资服务中的不同偏好。这种偏好是否有利于缓解中小企业的融资约束？围绕这一问题，本部分首先在从理论上比较政策性银行、商业银行、民间信贷为中小企业融资服务的机理特性；其次借用柯布—道格拉斯（Cobb – Douglas）的生产函数构建模型分析三种信贷资金对中小企业融资约束缓解程度的影响，比较政策性银行贷款、商业银行贷款、民间信贷资金为中小企业融资服务效率，探究三种信贷资金在不同规模、行业、生命周期下对中小企业融资约束缓解效率，探讨三种信贷资金在中小企业融资服务体系中相互影响关系，检验政策性银行贷款是否对商业银行贷款存在"引致效应"及民间信贷是否对商业银行贷款起补充作用；最后提出合理界定三种信贷资金在中小企业融资服务体系中的服务功能和服务区间的对策建议。

4. 中小企业融资信用担保模式适用性分析

政策性、商业性、互助性三种模式担保机构的中小企业融资服务效率的差异，实质上反映了政府、市场、社会在中小企业融资服务中作用区间的差异。本部分从阐述政策性担保、商业性担保、互助性担保三种担保模式为中小企业融资担保的目的及担保条件的差异性入手，以其所服务的中小企业数、保费收入占总收入比例、为中小企业提供的担保贷款额作为衡量指标，考察三种担保模式在我国中小企业融资服务市场中的服务效率，进而揭示三种融资担保机构为中小企业融资服务效率的地区差异及其影响因素。以此为依据对三种担保模式在我国各地区的适用性进行分析，最后提出有效发挥三种担保模式在中小企业融资服务中作用应注意的问题。

5. 政府背景和非政府背景风投资本的中小企业融资服务效率比较

风险投资是对具有高成长潜力的未上市的高风险企业进行股权投资，高新技术产业中的中小企业是其中的典型代表。经过30多年的发展，我国风险资金来源日益多元化，本书将风险投资按资金来源性质分为政府背景的风投资本和非政府背景的风投资本两类。首先对不同背景风投资本投资中小企业的动机进行辨析；其次，从受资企业的角度收集数据，以其对企业上市的推进作用、对受资企业银行贷款可得性的改善情况作为评价指标（被解释变量）建立多元回归模型，检验政府背景和非政府背景风投资本对缓解中小企业融资困难的作用。探究在新经济背景下，中小企业融资服务体系是否需要政府背景的风险投资，各种背景的风投资本在实践中是否缓解了中小企业的融资约束，政府背景和非政府背景的风投资本在中小企业融资服务体系中的作用范围应如何合理界定，以及如何规范政府背景风投资本在中小企业融资服务中的行为等问题。

6. 新金融生态下多元化融资渠道缓解小微企业融资困境有效性探析

小微企业是实体经济的根基所在，小微企业融资实践比中小企业更为复杂。政府背景或市场背景的融资服务主体的融资服务目标各不相同，资金供给条件各异，与小微企业融资需求特点也常不相匹配，影响了小微企业融资需求满足度及融资困境缓解效果。为此，本书以小微企业融资需求满足度为切入点，首先，考察国有大银行、股份制银行、政策性银行、中小银行、小额贷款公司、互联网金融、民间借贷等外源债务性资金供给对小微企业融资需求满足度的影响；其次，分析这些不同来源的资金供给在小微企业融资服务中表现出的偏好特征及与小微企业融资需求的契合性；最后，思考在当前新金融生态下提高小微企业融资需求满足度的对策。

7. 中小企业融资服务体系中政府和市场作用有效发挥的环境保障

政府和市场在中小企业融资服务体系中职能的合理分工及作用的有效发挥需要外部环境的支持，这是改善中小企业融资困境的前提条件。没有这些外部环境的支持，合理界定政府和市场在中小企业融资服务中的作用只是空谈。本部分从财政政策环境、金融政策环境、信用环境、技术环境、社会管理环境等方面进行了探讨。

本书内容结构如图 1 所示。

三、本书的创新点

1. 研究视角

与已有相关研究的视角不同，本书以缓解中小企业融资困难的有效性为

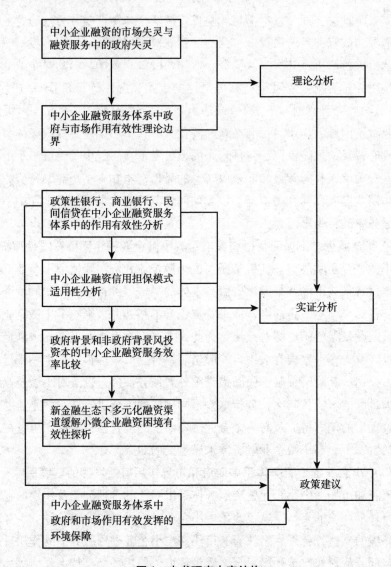

图1　本书研究内容结构

衡量标准，探究政府和市场在中小企业融资服务体系中的作用边界和职能分工，丰富了中小企业融资难问题的研究思路。

　　除了全局性的研究外，本书特别对我国当前支持中小企业融资的主要举措——信贷资金、信用担保、风险投资、新金融生态下小微企业融资渠道中政府与市场作用有效性进行实证分析，并提出对策建议，研究具有实践针对性。

2. 研究内容

本书紧紧围绕着中小企业融资服务中政府与市场的关系展开，理论部分的创新点在于借鉴利用科斯（Coase，1937）的交易成本理论和贾科夫（Djankov，2003）等人提出的制度可能性边界模型描述了中小企业融资服务体系中政府与市场的作用有效性边界动态变化逻辑，并分析了影响该边界动态变化的主要因素，为实证研究提供理论依据。

与已有研究相比，本书实证部分的创新点在于坚持以受资企业融资约束的改善情况作为评价政府和市场在中小企业融资服务中作用有效性的指标（被解释变量），如在研究外源债务性资金对中小企业融资服务效率时以受资企业的净资产收益率作为被解释变量；研究融资担保机构为中小企业融资服务效率时，以融资担保机构所服务的中小企业数、保费收入、为中小企业提供的担保贷款额作为评价指标；在研究不同背景的风投资本对中小企业融资服务效率时，以对受资企业上市的推动作用、对受资企业银行贷款可得性的改善情况作为评价标准；在分析各融资服务渠道对小微企业融资困境缓解效率时，以小微企业从各渠道获得年资金量占小微企业年融资需求量的比例作为小微企业融资需求满足度的替代变量。

3. 研究方法

理论与实证相结合是本书在研究中一直坚持的原则。实证分析是本书的主体部分，分别对信贷资金、融资担保、风险投资中政府和市场的融资服务效率进行实证考察。资料的获取和研究设计是实证分析的难点，因为没有直接的数据资料可供使用，为获取所需数据资料，笔者陆续进行了两次问卷调查和一次网上数据库数据资料的筛选，调查地点的选择兼顾东、中、西部地区分布，注重所选择对象的典型性和代表性，克服大多数已有研究的数据资料局限于本地域的缺陷，便于结论进行地区间的比较。

第1章

中小企业融资中的市场失灵与
融资服务中的政府失灵

中小企业融资是市场行为，资金供给者和资金需求者出于自身利益诉求而进行资金交易。但是，由于资金供应者和资金需求者之间的信息不对称，中小企业融资市场存在失灵现象，资金供给者的"惜贷"与中小企业对资金的"渴求"之间存在不可调和的矛盾，需要政府介入干预，但政府干预效果又往往不尽如人意，从而引发了政府干预适度性和科学性的讨论。中小企业融资中的市场失灵、政府干预、政府干预失灵的基本理论是本书研究的理论基础。

1.1 中小企业融资中的市场失灵

1.1.1 中小企业融资中市场失灵的表现

市场失灵是指在市场经济体制下由于市场自身不可克服的局限性使资源无法实现最优配置。中小企业融资难是中小企业融资领域市场失灵的产物。按照融资交易的性质，中小企业融资的市场失灵分为信贷市场失灵和资本市场失灵。信贷市场失灵表现为因银企间信息不对称造成中小企业外源债务资金融资困难；资本市场失灵表现为因为中小企业未来收入不确定和资本市场高门槛造成中小企业外源权益资金融资困难。不管何种性质的融资困难，其产生的机理和造成的危害是共性的。

由于银行等金融机构贷款是中小企业最重要的外源资金来源，下面以信贷市场上银行与中小企业间的贷款业务为例，描述中小企业融资服务中市场失灵的表现。

1. 资金供给方垄断态势明显

在我国信贷市场上为企业贷款的金融机构以中国银行、农业银行、工商银行、建设银行、交通银行这些国有控股银行和股份制大商业银行为主，城商行、信用社等还不能成为贷款主体。大银行资金供给的主要对象是国有及其相关企业，愿意为中小企业提供融资服务的金融机构少。[①] 有限的贷款供给机构与广大中小民营企业融资需求的反差使中小企业融资市场处于卖方垄断之中，供给方在讨价还价中处于优势地位。由于中小企业在融资市场上没有竞争力，金融机构的信贷资金流向有着明显的"羊群效应"，跟风流向了不缺钱的大企业，对中小企业融资服务供给不积极且具有同质化倾向，金融创新积极性也不高。

2. 资金需求方获取资金能力弱

钟田丽等（2003）在研究中提到，由于中小企业缺乏规划，缺乏透明的信息披露约束，缺乏可担保的资源，融资能力欠缺，因此尽管目前中国资本市场上有不少为中小企业提供金融服务的机构，政府也出台了鼓励支持中小企业融资的政策，但金融机构、社会资本对中小企业投资仍然谨慎。而且，中小企业对融入资金管理能力差、挪用现象普遍，影响企业还款能力。还款的诚信度低使银行更不愿投资于中小企业，供需矛盾陷入恶性循环。那些产品有销路、有效益、资信良好的大中企业是各家银行争相贷款的对象，甚至能以低利率获得贷款，而有发展潜力但目前经营状况一般的企业，往往受到银行冷落。中小企业获取资金的能力还因地区、行业、营利能力的不同而有所差异，例如，中西部中小企业融资能力低于东部企业，高新技术企业的融资能力低于传统企业，传统制造业的融资能力低于第三产业。

3. 中小企业贷款成本高

企业贷款成本主要包括两个部分：一是利率成本；二是抵押担保成本。

---

① 胡竹枝、邹帆、李明月：《市场失灵、政府失效与第三种力量缺失——中小企业融资困境辨析》，载于《广东金融学院学报》2007 年第 1 期。

利率高低是对企业风险水平的一种评价。尽管有基准利率，但由于中小企业资信水平低，银行对中小企业的风险评估值高，要求的实际利率高于基准利率。根据统计，大企业中约有 85％ 能拿到基准利率的银行贷款，50％ 以上的大企业贷款利率比基准利率下浮，但只有 20％ 左右的中小型企业和个人经营者能得到基准利率的贷款，而这 20％ 的中小企业中，绝大部分是偏中型企业客户，且贷款额度比大企业低。对于有完备的财务报表的中小企业，如果相关资料齐全，实际利率一般在基准利率基础上上浮 30％～50％；如果缺乏能变现的抵押物和被认可的担保，财务报表也不完整的，利率会上浮 200％，是基准利率的 3 倍。中小企业如果无抵押物需要担保的，还需向担保机构付出大约 2％～5％ 的担保费用。①

此外，银行对中小企业贷款的条件也比大企业严苛。例如，一些银行在对中小企业贷款时，要求企业先向贷款银行存入一笔资金，银行开具承兑汇票，这意味着企业为获得贷款必须付出额外的票据贴现费用。此外，由于效益好的大型国有企业和有良好银企合作关系的民营企业成为银行资金、市场资金竞相投资的对象，导致中小企业的信贷供应量小于信贷需求量。为了获得为数不多的借贷机会，中小企业还不得不付出除利息、担保、抵押之外的隐形的寻租成本。这种情况在其他社会资本选择中小企业为投资对象时也存在，虽然民间资金、风投资金愿意投向中小企业，但是企业为之付出的成本也高。所以中小企业不仅融资难，而且融资贵。

1.1.2 中小企业融资服务出现市场失灵的主要原因 ——信息不对称

信息不对称理论已经成为中小企业融资难问题研究的重要理论基础。信息不对称是指市场交易参与者之间占有的信息量的不一致，这种不一致会带来"逆向选择"和"道德风险"。中小企业融资中的信息不对称是指作为资金需求者的企业和作为资金供应者的金融机构、投资机构等之间对企业经营信息掌握得不一致。企业总是能够比投资机构掌握更多的、更真实的关于自身经营状况的信息。在信息不对称下，投资前投资机构无法通过获得的信息

---

① 《2015 年银行中小企业贷款利率是多少？》http：//www. anxin. com/daikuan/lixi/daikuan - 3499. html, 2015 - 10 - 14。

对企业进行合理评价，资金流向了愿意承担高额融资成本的企业（逆向选择）；投资后投资机构同样无法监控受资企业的资金使用情况和生产经营状况，企业损害投资机构利益的行为时有发生（道德风险）。理性的投资机构为规避风险，维护自身利益，或拒绝投资；或向融资企业要求苛刻的投资条件，如担保、抵押、高利率等；或限制向中小企业投资的数额。因此，德瓦特里庞和马斯金（Dewatripont and Maskin, 1995）认为，在商业银行资金供给函数中，大企业的存量信贷是重要变量，这意味着即使小企业的经营状况比大企业好，但没有前期信用积累，也无法获得银行青睐。[①] 贝克（Beck, 2006）也认为信息结构影响着银行贷款的资金成本以及企业对信贷契约的执行情况，进而影响银行对中小企业的贷款意愿。[②]

信息不对称存在于中小企业融资服务体系的各个主体之间，信息不对称的双方可以看作是一对博弈体，双方出于自身利益围绕信息不对称反复博弈，导致了中小企业融资市场的失灵。这里以信贷市场为例构建资金供需双方——银行和企业的双方博弈模型，分析信息不对称对中小企业融资困境的影响。

1. 假设条件

第一，在中小企业融资市场上资金供给方（银行）和资金需求方（中小企业）双方存在信息不对称。第二，模型参与人是资金的供给方（银行）和资金的需求方（企业），供需双方都是理性经济人。第三，两者间的博弈是动态的，行动有先后。由于在市场上中小企业资金缺口是常态，所以银行是双方借贷关系中主动的一方，是先行动者。

2. 模型分析

在中小企业融资市场上，资金供给方（银行）的策略集合 A 为（融出资金 A1，不融出资金 A2）；资金需求方（中小企业）的策略集合 B 为（履行债务 B1，不履行债务 B2）。供给方和需求方对关于"企业诚信与否"的信息掌握情况不对称，需求方心知肚明，供给方只能通过财务报表等间接

---

① M. Dewatripont, E. Maskin, "Credit and Efficiency in Centralized and Decentralized Economies", *Review of Economic Studies*, 1995, 4 (62): 541 –555.

② Ulrich Beck, "Living in the world risk society", *Economy and Society*, 2006, 3 (35): 329 – 345.

了解。

U_A、U_B 分别为资金供给方和资金需求方的效用函数，P、r、C 分别表示银行借出的本金、收取的利率、为顺利回收资金所付出的成本，如贷出时的筛选成本和贷出后的监管成本。Q 为企业获得贷款后投资于项目所获得的收益，$P \times r$ 为银行借出资金的收益（利息收入），也是需求方企业获得贷款的利息成本。G 为企业为获得贷款而付出的抵押、担保成本。F 为企业不守信所付出的信誉成本，将使其以后难以获得贷款。企业获得贷款所花的隐形成本如游说成本、贿赂成本等在模型中不考虑。不同策略组合下的效用矩阵见表1-1。

表1-1　　　　　　　　　　不同策略组合下的效用矩阵

	需求方（中小企业）履行义务 $B1$	需求方（中小企业）不履行义务 $B2$
供给方（银行）融出资金 $A1$	$(P \times r - C,\ Q - P - P \times r)$	$(-P - P \times r - C + G,\ Q - G - F)$
供给方（银行）不融出资金 $A2$	$(0, 0)$	$(0, 0)$

（1）假设资金的供需双方只有一次借贷行为，即一次性博弈。博弈的关键在企业能否履行还贷义务，因此这里从资金需求方企业的策略选择来寻找信息不对称下的纳什均衡。

企业在不履行还贷义务和履行还贷义务所获得的效用差为：

$$U_{(A1,B2)} - U_{(A1,B1)} = Q - G - F - (Q - P - P \times r) = P + P \times r - F - G$$

$$(1.1)$$

因为只有一次博弈，企业的不诚信不影响以后其与银行的合作关系，故 $F = 0$。$U_{(A1,B2)} - U_{(A1,B1)}$ 的对比关系取决于企业借入的本息和抵押物 G 的关系，如果抵押成本 G 比较小，$U_{(A1,B2)} - U_{(A1,B1)} > 0$ 成立，意味着在一次性博弈情况下，企业的最优选择是不履行偿还义务。然而资金供给方（银行）为了维护自身利益，往往向企业收取大于其贷款本利和的担保物，使 $U_{(A1,B2)} - U_{(A1,B1)} < 0$，但资金困难的小企业往往拿不出大额担保，贷款失败。因此，在一次博弈情形下，无论抵押物如何设置，银行和企业间的投融资一般无法顺利实现。

（2）假设资金的供需双方存在长期的稳定合作关系，即在一次博弈完成后，将选择继续博弈。在博弈中，银行为先行动的一方，首先决定对中小企业贷款，企业融入资金后，如果能按时还本付息，那么银行决定继续提供资金给企业，第二次的博弈开始。只要企业选择按时偿还债务，博弈将无限期地继续下去。但是如果在某一后续阶段，企业选择了不履行偿债义务，资金供给方银行将永远停止与企业的借贷交易，这就是失信付出的代价 F。

假设 a 为贴现因子，$0 < a < 1$。如果不失信，中小企业在无限次博弈中获得的效用为：

$$\sum U_{(A1,B1)} = a^0(Q - P - P \times r) + a^1(Q - P - P \times r) +$$
$$a^2(Q - P - P \times r) + \cdots = 1/(1 - a) \times (Q - p - P \times r)$$
$$(1.2)$$

企业若不守信，银企借贷关系将终止，此时企业的收益 $U_{(A1,B2)}$ 为 $Q - G - F$。对比重复博弈中企业守信还款和不守信还款的 U 值，可得到（1.3）式：

$$\sum U_{(A1,B1)} - U_{(A1,B2)} = 1/(1 - a) \times (Q - P - P \times r) - (Q - G - F)$$
$$= [1/(1 - a) \times Q - Q] - 1/(1 - a) \times (P + P \times r) + G + F$$
$$(1.3)$$

当且仅当（1.3）式大于 0，企业选择守信履行债务，资金供需双方的选择为（供给方贷出资金，需求方履行偿还义务）。分析（1.3）式发现，由于继续博弈的可能性为 a，$0 < a < 1, 1/(1 - a) > 1$，那么 $1/(1 - a) \times Q - Q > 0$，又由于 $1/(1 - a) \times (P + P \times r) > 0, G > 0, F > 0$，因此（1.3）式是否大于 0 取决于企业借入款项后能取得的收益 Q 与借入款项本利和资金成本的对比关系。经营收入 Q 是中小企业偿还银行贷款的主要来源，银行非常关心企业的还款能力，企业经营能力是很多银行确定利率和是否愿意贷款的依据。在实践中，很多处于初创期和成长期的企业财务制度不规范，信息披露制度缺乏，特别是一些科技型企业难以向银行提供有关产品和市场风险的信息。[①] 在这种信息不对称的环境中，资金的供给方对企业借入资金后的用途和产生的收益越不了解，信任度越低，越不愿意向中小企业融出资金，即使融出资金，对利率、担保、抵押等条件的要求也更高，中小企业难以满足。因此信息不对称是造成中小企业融资难的根本原因。

---

① 钟成林：《科技型中小企业融资困境及金融支持政策研究》，载于《南京审计大学学报》2016 年第 3 期。

1.2　中小企业融资服务中的政府干预

1.2.1　政府干预可以弥补中小企业融资服务中的市场失灵

中小企业发展需要金融市场上资金的支持，金融市场可持续健康发展则依赖于实体经济的繁荣，作为实体经济主力军的中小企业与金融市场的健康互动是社会福利增进的重要条件，这恰恰与政府的社会目标一致。因此，基于中小企业、金融市场、政府三者之间互惠互利的关系和政府可以弥补市场失灵的共识，资金需求方（中小企业）和资金供给方（金融市场）间信息不对称矛盾的缓解需要政府介入，那么政府干预是否能弥补市场失灵？下面仍然以信贷市场为例，将政府作为一个参与主体引入中小企业融资市场，构建银行、企业、政府三方博弈模型，分析政府介入对中小企业融资困境的改善。

1. 假设条件

第一，在中小企业融资市场上资金供给方（银行）和资金需求方（中小企业）、政府存在信息不对称，企业是信息优势方，只有企业了解其真实的经营信息。第二，模型参与人——银行、企业、政府都是理性经济人，银行和企业以经济利益最大化为目标，政府以社会效益最大化为目标。第三，三者间的博弈是动态的，行动有先后，后行动的一方根据先行动一方的行为做出反应。三者关系的逻辑顺序为：政府的支持是中小企业融资顺利进行的促进条件，其职责是激励银行向中小企业贷款，鼓励企业按时还贷，维护中小企业融资的良性循环；银行有权决定是否借贷给中小企业；企业则有是否愿意按时履行债务的决定权。第四，三者间的博弈是非合作博弈，相互间不存在串谋。第五，这里的政府指与中小企业融资服务有关的各级政府部门。

2. 模型分析

按照假设，在中小企业融资市场上，政府的策略集合为 Z（支持 $Z1$，不支持 $Z2$），政府的支持既表现为政策鼓励银行贷款给中小企业，如给予银行贷款风险补偿、政府担保等，也包括鼓励企业按时偿还贷款的措施，如税收优惠、财政补贴等（在这里称为还贷奖励）。政府支持的概率为 P'，政府不支持的概率为 $1-P'$。资金供给方银行的策略集合 A 为（贷出资金 $A1$，不贷出资金 $A2$），在政府支持下，银行愿意贷款的概率为 P_a，在政府不支持情况下银行愿意贷款的概率为 P_a'，$P_a > P_a'$；资金需求方（企业）的策略集合 B 为（履行债务 $B1$，不履行债务 $B2$），在政府支持（$Z1$）的情况下，企业履行债务的概率为 P_b；在政府不支持（$Z2$）的情况下，企业履行债务的概率为 P_b'，$P_b > P_b'$。

U_A、U_B、U_Z 分别为资金供给方、资金需求方、政府的效用函数，P、r、C、R_{Z1} 分别表示银行借出的本金、收取的利率、为顺利回收资金所付出的成本如筛选成本和监管成本、政府给银行的贷款风险补贴。Q 为企业获得贷款后投资于项目所获得的收益，$P \times r$ 为银行借出资金的收益（利息收入），也是需求方企业获得贷款的利息成本。G 为企业为获得贷款而付给银行的抵押、担保成本，一般情况下，G 大于或等于（$P \times r + P$）。F_1 为企业不守信所付出的信誉成本（违约后无法获得贷款，在一次博弈时取值为 0），F_2 为政府对不及时还贷企业给予的惩罚，R_{Z2} 为政府对及时还贷的企业给予的补贴和政策优惠。W 是银行贷款支持中小企业融资给社会带来的福利增进，w 表示中小企业违约不偿还债务给社会带来的负面影响。不同策略组合下的效用表达见表 1-2。

表 1-2　　　　　　　　　　不同策略组合下的效用表达

策略组合	效用表达式	策略组合	效用表达式
政府支持	$U_{Z1} = W$	政府不支持	$U_{Z2} = W$
银行贷款	$U_{A1} = P \times r - C + R_{Z1}$	银行贷款	$U_{A1} = P \times r - C$
企业还贷	$U_{B1} = Q - P - P \times r + R_{Z2}$	企业还贷	$U_{B1} = Q - P - P \times r$
政府支持	$U_{Z1} = W - w$	政府不支持	$U_{Z2} = W - w$
银行贷款	$U_{A1} = -P - P \times r - C + G + R_{Z1}$	银行贷款	$U_{A1} = -P - P \times r - C + G$
企业不还贷	$U_{B2} = Q - G - F_1 - F_2$	企业不还贷	$U_{B2} = Q - G - F_1$
政府支持	$U_{Z1} = 0$	政府不支持	$U_{Z2} = 0$
银行不贷款	$U_{A2} = 0$	银行不贷款	$U_{A2} = 0$
	$U_B = 0$		$U_B = 0$

（1）一次性博弈下三方的效益分析。

首先，从银行角度分析，银行向中小企业贷款的期望收益为：

$$U_A = P'[P_b \times (P \times r - C + R_{Z1}) + (1 - P_b)(-P - P \times r - C + G + R_{Z1})]$$
$$+ (1 - P')[P_b' \times (P \times r - C) + (1 - P_b')(-P - P \times r - C + G)]$$

$$(1.4)$$

当 $U_A > 0$ 时，银行愿意贷款给企业。由（1.4）式可知，U_A 是否大于 0 取决于 $(P \times r - C + R_{Z1})$，$(-P - P \times r - C + G + R_{Z1})$，$(P \times r - C)$，$(-P - P \times r - C + G)$ 四项是否大于 0。因此政府的风险补偿 R_{Z1} 和政府支持概率 P' 是关键，R_{Z1} 越大，使 $(P \times r - C + R_{Z1}) > 0$，$(G - P - P \times r - C + R_{Z1}) > 0$ 的可能性越大；P' 越大，银行向企业要求的抵押担保成本 G 就可能低些，缺乏高质量抵押和担保的小企业就可能获得银行等金融机构的贷款。P' 和 R_{Z1} 越大，银行在信息不对称带来的管理成本和风险成本较大的情况下仍向中小企业融出资金的概率也越大。因此，政府的介入有助于缓解银行和担保机构之间的信息不对称，同时分散协作银行的贷款风险，进而改善银行等金融机构向中小企业贷款意愿。[①]

其次，从企业角度分析，中小企业融资后不违约、违约时获得的期望收益 U_{B1} 和 U_{B2} 分别为：

$$U_{B1} = P' \times P_a \times (Q - P - P \times r + R_{Z2}) + (1 - P') \times P_a' \times (Q - P - P \times r)$$

$$(1.5)$$

$$U_{B2} = P' \times P_a \times (Q - G - F_1 - F_2) + (1 - P') \times P_a' \times (Q - G - F_1)$$

$$(1.6)$$

当 $U_{B1} > U_{B2}$ 时，企业选择按时还贷。根据假设，在一次博弈下，企业为不守信所付出的信誉成本 F_1 为零，因此由（1.5）式、（1.6）式得知：第一，在贷款本金 P、利率 r、抵押担保 G 既定的情况下，$U_{B1} > U_{B2}$ 是否成立取决于企业贷款项目的收益情况、政府对企业按时还贷的奖励 R_{Z2} 及企业违约惩罚 F_2 三个因素，也就是说企业贷款项目预期收益越高、政府对企业按时还贷的奖励越大、政府对企业违约的惩罚力度越大，$U_{B1} > U_{B2}$，企业选择按时履行债务。一般地，融资困难的企业贷款后的收益存在很大的不确定性，政府的奖惩是推动中小企业履约的关键。第二，在企业项目收益 Q 不确定，政府的奖惩约束 R_{Z2}、F_2 很小或缺失时，银行为维护自身的利益，或

---

① Thorsten Beck, Asli Demirgüç-Kunt, Ross Levine, *Financial Institutions and Markets across Countries and over Time：Date and Analysis*, Policy Research Working Paper for The World Bank, 2007.

者提高利率，或制定严苛的抵押担保条件，或放弃贷款给中小企业，无论哪种情况都将破坏中小企业融资的良性循环，所以政府介入显得十分必要。

最后，从政府角度看，政府提供中小企业融资服务的期望收益为：

$$U_{Z1} = P_b \times P_a \times W + (1 - P_b) \times P_a \times (W - w) \qquad (1.7)$$

政府不提供中小企业融资服务的期望收益为：

$$U_{Z2} = P_b' \times P_a' \times W + (1 - P_b') \times P_a' \times (W - w) \qquad (1.8)$$

很显然，$U_{Z1} > U_{Z2}$，因此从社会福利看，政府的最优选择是介入中小企业融资服务体系，为资金供需双方提供政策支持。

（2）重复博弈下三方的效益分析。

中小企业融资需求是长期的，银企关系不应该是一次性的，因此在重复博弈背景下对政府、银行、企业的决策策略进行分析更符合现实情境。

这里假设银行是行动的主动方，中小企业的资金需求是无限的，政府和银行是信息的弱势方。在重复博弈中，银行拥有决定是否对中小企业贷款的主动权，企业的"是否按时还贷"是重复博弈能否进行的关键，政府和银行的策略取决于企业融入资金后能否守约，按时还本付息。如果企业按时还款，银行将继续贷款给企业，政府对银行和企业的扶持政策也将继续，第二阶段的博弈开始。也就是说只要企业能按时偿还债务，博弈将无限期地继续下去。但是如果在某一阶段，企业选择了不履行偿债义务，银行将永远停止与企业的借贷交易，企业付出失信代价 F_1，企业也将受到政府的政策惩罚 F_2。其他的假设条件和变量设置不变，中小企业效用的贴现因子为 a，$0 < a < 1$。

中小企业在第 t 期及未来都按时还贷的期望收益为：

$$
\begin{aligned}
U_{B1} = {} & \left[P' \times P_a \times (Q - P - P \times r + R_{Z2}) + (1 - P') \times P_a' \times (Q - P - P \times r) \right] \\
& + a \times \left[P' \times P_a \times (Q - P - P \times r + R_{Z2}) + (1 - P') \times P_a' \times (Q - P - P \times r) \right] \\
& + a^2 \times \left[P' \times P_a \times (Q - P - P \times r + R_{Z2}) + (1 - P') \times P_a' \times (Q - P - P \times r) \right] \\
& + \cdots = 1/(1 - a) \left[P' \times P_a \times (Q - P - P \times r + R_{Z2}) \right. \\
& \left. + (1 - P') \times P_a' \times (Q - P - P \times r) \right]
\end{aligned}
\qquad (1.9)
$$

中小企业如果在第 t 期不履行还贷义务，银行将停止贷款，因此企业的期望收益为：

$$U_{B2} = P' \times P_a \times (Q - G - F_1 - F_2) + (1 - p') \times P_a' \times (Q - G - F_1)$$

$$(1.10)$$

（1.9）式第一项为企业在第 t 期按时还贷的期望收益，第二项起为企业在

$t+1$ 期、$t+2$ 期、……、$t+n$ 期的期望收益（假定未来各期企业获得的收益不变）。因为 $1/(1-a) > 1$，$G > = P + P \times r$，$G + F_1 + F_2 > P + P \times r$，对比（1.9）式和（1.10）式，$U_{B1} > U_{B2}$，说明在政府介入后，企业履行还贷义务的期望收益大于不履行还贷义务的期望收益，政府对企业按时还贷的政策优惠和财政补助越大，对企业不按时还贷的惩戒越严厉，企业诚信还贷的期望收益就越大。

中小企业按时履约消除了银行因处于信息弱势而产生的顾虑，加上财政对银行在中小企业贷款中产生的风险补偿等，使得中小企业融资得以进入银行愿意贷款—企业诚信还贷—银行继续贷款—企业及时还贷的良性循环中。

1.2.2　政府支持中小企业融资的方式

上述博弈模型分析表明，政府干预可以弥补中小企业融资市场中的信息不对称，缓解中小企业的融资约束。而现代社会公共财政的出现为政府支持中小企业融资提供了理论依据和经济基础。同时，中小企业健康发展带来的就业增加、社会稳定、技术进步等正外部效应更使政府有合理的理由将支持中小企业融资视为一种公共产品。从各国实践看，政府的支持方式主要包括制度与政策的完善、财政投资、政策性担保、政策性金融机构提供低息财政贷款、配套环境支持等。

1.　中小企业融资的行政支持

制度和政策扶持是世界各国政府扶持中小企业融资的基本做法。首先，用法规规范政府、中介机构、投资主体、中小企业在融资交易中的行为，减少信息不对称，维护各方在融资交易中的合法权益。美国联邦政府在 1953 年颁布《小企业法》后，陆续有了《机会均等法》《小企业融资法》《小企业创新发展法》《小企业投资奖励法》《小企业贷款增加法》《小企业股权投资促进法》等与小企业融资直接相关的法规，成为政府对小企业全方位扶持的制度体系的一部分。20 世纪 50 年代后，日本政府先后制定了以《中小企业基本法》为基础的 30 多个支持中小企业发展的法律制度，形成了较为健全的支持中小企业发展法规体系，其中的《中小企业金融公库法》《中小企业投资扶持股份公司法》《中小企业现代化资金扶持法》《信用保证协会法》《中小企业信用保险公库法》等与中小企业融资直接相关。2002 年以来，我国以《中小企业促进法》为基础，陆续出台多部与中小企业相关的法规文件，如《国务院关于鼓励支持和引导个体私营等非公有制经济发展的若干意见》《国务院关于进一步促进中小企业发展的若干意见》《国务院关于鼓励和引导民间投资健康发展的若干意见》

《关于加快推进中小企业服务体系建设的指导意见》《国务院关于扶持小型微型企业健康发展的意见》《国务院关于促进融资担保行业加快发展的意见》《国务院关于印发普惠金融发展规划（2016—2020）的通知》《关于鼓励民间资本参与政府和社会资本合作（PPP）项目的指导意见》等，都包含了缓解中小企业融资难的相关政策。特别是 2017 年 9 月 1 日通过的新修订的《中小企业促进法》更是从改善小型微型企业融资环境，制定差异化监管政策，采取合理提高小型微型企业不良贷款容忍度，开发和提供适合中小企业特点的金融产品和服务，推进和支持普惠金融体系建设，健全多层次资本市场体系，完善担保融资制度，推动保险机构开展中小企业贷款保证保险和信用保险业务，支持征信机构发展针对中小企业融资的征信产品和服务等方面做出具体规定。加强对中小企业特别是小微企业的融资支持。

其次，为使制度能落到实处，各国政府成立了专门机构，其中较有特色的是美国和日本。美国联邦政府在 1953 年成立的中小企业管理局（Small Business Association），在向有特殊困难的小企业或个人提供低息或无息贷款、帮助中小企业获得政府贷款担保和政府补贴等方面发挥着积极作用。日本则有专门为中小企业融资提供服务的政府组织，商工组中央公库、国民生活金融公库、中小企业金融公库、环境卫生公库、中小企业综合事业团、中小企业振兴事业团、中小企业共济事业团等共同组成了中小企业政策性金融服务体系。两国的实践分别为市场主导型国家和政府主导型国家中的政府如何发挥扶持中小企业融资功能提供了典型范例。

2. 中小企业融资的财政支持

财政支持政策既指政府财政资金对融资困难但符合国家产业政策的中小企业的财政投资、基金资助、贷款贴息，也指对银行、担保机构等市场主体从事中小企业融资业务中遭受的风险进行财政补贴、税收优惠等。政策性金融机构贷款和设立财政扶持基金是常见的政府用于缓解中小企业融资困难的财政举措。

（1）政策性金融机构贷款。对于符合国家产业政策但无法顺利从银行得到贷款的中小企业，很多国家成立了政策性金融机构予以支持，发挥政策性资金的引导作用，弥补中小企业融资缺口。无论发达国家还是发展中国家的政府都将政策性金融作为支持中小企业发展的手段之一。[①] 其中较为成功的实践包括：

---

① Marsto David，Aditya Narain，*Observations from an IMF Survey*，Washington，D. C：The Future of State – Owned Financial Institutions，Brookings Institution，2004：123.

日本的各种政策性金融公库，为中小企业提供多种形式的优惠低息贷款，收益面大，有效缓解了日本中小企业融资困难。德国联邦政府在 2003 年将德国复兴信贷银行和德国清算银行两家政策性银行进行整合，合并为中小企业银行（KFW），主要为德国中小企业的国内外投资项目提供低息、长期贷款。法国政府于 1997 年成立了政策性银行——法国中小企业发展银行（BDPME），主要功能是向中小企业贷款、提供信用担保、向中小企业注入权益资本、为有国外投资业务的中小企业提供风险保险等。在我国，为中小企业提供融资服务的政策性金融机构有国家开发银行、中国进出口银行、中国农业发展银行，国家开发银行是最早开展中小企业融资服务业务的。目前主要服务模式是与商业性金融机构合作为中小企业提供多种形式的融资服务，如向中小微企业提供低息贷款、向中小企业提供贷款担保等。

（2）财政扶持基金。与政策性金融贷款不同，财政扶持基金是政府对中小企业的直接无偿的投入，扶持对象必须符合规定的条件。在我国，中小企业发展专项资金、政府创业投资引导基金等都属于财政扶持基金，其中政府创业投资引导基金是典型的与中小企业投融资有关的财政投资扶持基金。创业引导基金或向风险投资机构参股，成立新的风险投资机构，专注于对初创期的科技型中小企业的投资；或与市场风险投资机构共同投资于初创期中小企业，降低市场背景风险投资机构的投资风险；或对已投资于初创期高科技中小企业的风险投资机构给予一定的财政补助等。在国外，财政扶持基金是各国政府缓解中小企业融资困难的一种手段：英国政府设立多样化的政策性基金为处于融资困境的中小企业提供帮助，如针对初创期中小企业的早期成长基金和 SBS 商业孵化基金、针对高新技术中小企业的高科技基金、针对少数民族及不发达地区中小企业的凤凰基金等；芬兰政府每年都有专项财政预算向新成立的创业企业提供启动资金；韩国地方政府设立了"地方中小企业培育基金"，用于支持韩国中小企业的发展。

3. 政策性信用担保支持

为增强中小企业信用，降低银行的中小企业贷款风险，提高中小企业外源融资的可得性，各国建立了中小企业信用担保体系。担保机构介入能够缓解银企间的信息不对称，但是担保机构和企业间同样也存在着信息不对称，使商业性担保机构不愿为中小企业融资提供担保服务，特别是风险大、营利不确定的小企业。因此，中小企业信用担保体系中需要出现政府的身影，尽管信用担保体系的完善程度各国不一，但政府在其中的责任却大体相同。一是政府成立政策性担保机构为中小企业提供低费率的担保，帮助中小企业获得较低成本的金融机构贷款。在实践中，政策性担保机构在中小企业融资服务体系中发挥了重要作用。在英国，政府于 1981 年制定了"中小企业贷款担保计划"，使中小企业有可能从银行获得低于市场利率的长期贷款，差额部分由政府财政补贴。中国台湾在 1974 年成立了"中小企业信用保证基金"，帮助中小企业解决向金融机构融资时担保物欠缺的问题，分担金融机构在中小企业融资业务中的风险。二是政府通过风险补偿、税收优惠等间接手段鼓励商业性或互助性担保机构积极开展中小企业融资担保业务。日本在 1955 年有了信用保证协会后，1958 年由中央政府财政拨款设立了中小企业信用保险公库（现为中小企业综合事业团），信用保险公库和地方财政低息贷款给信用保证协会，以支持其为中小企业融资提供信用担保。在日本，每两家中小企业中就有一家是借助信用保证协会的担保筹集到资金。20 世纪 90 年代我国开始探索建立中小企业信用担保体系，到目前形成了政策性担保机构、商业性担保机构、互助性担保机构共同服务于中小企业融资的局面，其中政策性担保机构仍在我国中小企业融资信用担保体系中发挥着主导作用。

4. 支持中小企业融资的社会环境的营造

为减少资金供需双方的信息不对称，政府和市场做了大量的努力，探索了关系型贷款、发展中小银行、中小企业集合债、信用保证保险等被认为是可以有效降低资金供需双方信息不对称的对策，然而缺少了适宜的社会环境，再有效的措施也不能获得预期的效果。融资环境建设需要政府引导和扶植。一是建设社会信用体系。信用环境对中小企业融资约束缓解有显著影响，政府应注重改善信用环境，从根本上解决中小企业融资难问题。[1] 政府通过诚信教育帮助公众树立诚信意识，加快建立中小企业信息互通互联机制，优化全国征信系统，完善中小企业信用评估体系，建立公正合理的信用奖惩机制，为中小企业发展营造诚实守信的外部环境。二是建立风险控制机制。中小企业的特征决定了中小企业融资业务中蕴藏着较高的风险，政府应为风险分散、风险控制机制的建设提供法律环境、政策环境，在中小企业、金融机构、担保公司、风投机构、信托公司等主体之间牵线搭桥，鼓励更多主体参与进来，分散风险，实现风险的合理分担；建立外部风险监督机制，对中小企业融资创新进行引导，避免风

---

① 凌江怀、匡亚文：《信用环境对中小企业融资约束的影响——基于世界银行中国企业调查数据的实证研究》，载于《华南师范大学学报》2016 年第 6 期。

险累积和各种道德风险。三是建设融资公共服务平台。搭建公共服务平台为中小企业融资提供中介服务是发达国家的普遍做法。通过公共服务平台，政府为中小企业融资创造机会，并提供信息、人才、问题诊断、业务指导等服务，改善中小企业在融资中的弱势地位。

1.3　中小企业融资服务中政府干预失灵

赫尔曼等（Hellmann et al.，1997）认为，金融约束（financial restraint）是政府通过一系列金融政策为市场金融中介创造租金机会，帮助金融中介规避道德风险等来促进金融市场的稳定和发展。在金融发展水平较低的发展中国家，政府的金融约束政策显得尤其必要。但金融约束政策使用或执行不当，会转变为金融压抑（financial repression）。在金融压抑下，政府乘机将资源由私人部门转移至政府手中，诱导利益集团进行寻租活动。① 金融约束和金融压抑实质上是政府在金融市场干预适度和干预过度带来的两种极端反应。作为政府财政金融政策的支持对象，中小企业融资服务市场也是如此，政府干预程度不同，产生的影响也不同。伯杰、凯尔、斯卡里斯（Berger，Kyle，Scalise，2001）比较了美国在1989～1992年、1993～1998年两个时期政府截然不同的银行监管政策对银行中小企业信贷业务的影响，得出政府监管的适当放松有利于改善中小企业融资困境的结论。② 因此需要进一步探究政府干预中小企业融资服务市场的适度性，避免干预失灵。

1.3.1　中小企业融资服务市场中政府干预失效的原因

1. 政府财政资金的非营利性

政策性银行、政策性担保机构、政府背景的风险投资等是政府扶持中小企业融资的重要手段，政府扶持资金主要来自财政拨款，不以营利为目的。非营利性使其在经营过程中往往忽视对投资和服务对象的事前筛选和事后监控的制度设计，政企之间出现"预算软约束"，财政资金没有发挥应有作

---

①② Allen N. Berger, Margaret K. Kyle, Joseph M. Scalise, *Did U. S. Bank Supervisors Get Toucher During the Credit Crunch? Did They Get Easier During the Banking Boom? Did It Matter to Bank Lending?* NBER Working Paper No. 7689, Issued in May 2000.

用。例如，在中小企业融资信用担保中，随着政府对再担保机构财政补偿的不断增加，非营利性使其疏于对担保机构的调查和筛选。而一些担保机构在得到政府的再担保后，也随之放宽对担保对象的选择标准和过程监督，企业逆向选择和道德风险发生的概率增加，再担保机构的赔偿率随之增大。结果政府的介入没有促进中小企业融资服务的良性循环，反而浪费政府有限的财政资金。①

2. 政府的"经济人"特性

为保证中小企业融资支持政策的顺利实施，必须赋予政策执行者一定的权利，如选择服务对象的权利和定价权等。政府政策的执行者是经济人，当拥有这些权力的政策执行者在与金融中介、担保公司、企业等在相关交易中谋求私利时，寻租腐败就出现了。寻租腐败加重了中小企业的融资成本，融资困境没有改善，政府干预失效。事实上，在市场经济领域，政府权力不管以何种形式介入，都会造成一种垄断权利。② 因此如果没有制度对政府行为进行规范，或政府在完成政策引导后没有及时退出，政府失灵将不可避免。而且，地方政府的"经济人"特征使得政府对中小企业的融资扶持带有地区保护色彩，政策扶持对象选择中的本地优先原则造成了中小企业融资可得性的地区差距，使政策效应打了折扣。

3. 政府决策的局限性

由于知识、能力、经验的局限性，政府支持中小企业融资的决策有时会出现失误，导致政府干预失灵。中小企业融资服务中常见的政府决策失误有：财政支持的目标群体定位与实际需求脱节，政策着力点不明确；支持手段简单，政策与政策之间没有合理衔接，形不成政策合力；政府出资的中小企业融资服务机构没有按照现代企业制度和市场经济原则进行管理，运作中常受到政府干预，使得政府介入的效果并不会比市场自行配置好。以政策性信用担保为例，政府的介入将金融机构在中小企业贷款业务中应承担的风险部分转移给政策性担保机构承担，改变的只是风险的分布，并没有改善中小

---

① 曾江洪、侯赞：《中小企业再担保机构运作模式选择的数理分析》，载于《统计与决策》2007 年第 21 期。
② 杨龙：《政府"失灵"的主要表现及其原因分析》，载于《学术界》2004 第 3 期。

企业和银行之间的信息不对称，反而加剧了逆向选择和道德风险。

1.3.2 我国中小企业融资市场中的政府干预失灵

1. 政府干预中小企业融资的管理体制不完善

一是中小企业融资服务多头管理，虽然国务院、工信部和地方各级经信委是当前负责扶持中小企业发展的主要行政部门，但它们没有行政上的隶属关系，只有业务上的对口关系。同时，发改委、商务部、财政部、税务局等政府部门也负有扶持中小企业发展的职责。不同的部门有着不同的定位，不同的行政隶属有着不同干预目的。此外，市场上半官方的中小企业融资服务中介机构也存在着条块分割现象。中小企业融资服务中政出多门降低了政府政策的实施效率，加大了中小企业融资服务的管理成本。二是保障中小企业投融资的法律法规级次低、内容空泛、宣传途径单一等问题扭曲了中小企业对政策的理解，阻碍了政府扶持中小企业融资的政策落到实处。

2. 政府干预中小企业融资的方式不科学

目前，我国政府为中小企业提供融资服务的主要方式有财政补贴、政策性金融、融资担保、产业发展基金、税收优惠、贷款贴息、风险补偿等，对推动实体经济发展起到一定的促进作用，但是这些举措之间尚没有形成一个有机联系的政策体系，各自的服务重点交叉重复，政策之间缺乏衔接性，加上政府扶持政策的多头管理，导致各项政策形成的合力不够，中小企业要了解这些政策也有一定的难度。更有甚者，出现政府财政扶植红利叠加于某些融资并不困难的企业的情况，如东部地区资本市场发达，政府的融资服务重点理应偏向于资本市场不发达的中西部地区。但事实却非如此，由于各种原因，政府背景的风投资金、政策性担保、政策性金融的主要资源仍然集中于经济发达的地区。加上地方政府的地方保护主义倾向，东部地区地方政府的资金也主要扶持本地企业，而急需资金的中西部的中小企业依然无法融到资金，造成财政扶持资源浪费，无法取得最佳的扶持效益。

3. 政府在中小企业融资服务体系中定位不准确

在中小企业融资市场上，中小企业和市场资金供给者应该是主要的交易者，政府在其中起协调扶持作用，哪里"失灵"出现在哪里。但是，我国政府对中小企业融资服务市场的干预却时有"越位"，表现为政府借扶持的名义干预金融服务中介独立制定和执行金融决策；政府补贴和优惠政策带上政治色彩，使政府财政资金流向利益集团或有"话语权"的企业，真正融资困难的企业却得不到政策扶持；银行等金融中介在政府的干预下向不具备资格的企业放款，资金风险被放大，一旦企业违约，中小企业融资市场的良性循环将被破坏。"越位"还造成中小企业对政府扶持的路径依赖，一旦政府扶持政策退出，中小企业融资市场的表面平衡将不复存在，中小企业将重新陷入融资困境。

综上分析，在当前我国中小企业融资服务体系仍以政府为主导的背景下，政府干预中小企业融资市场的适度性问题应引起重视，政府和市场在中小企业融资服务体系中关系的深入研究具有现实必要性和实践意义。

第 2 章

中小企业融资服务体系中政府与
市场作用有效性理论边界

　　作为资源配置的两个手段，政府和市场之"手"的替代或互补关系存在于经济社会实践的各个方面，替代或互补的程度取决于其作用对象的性质，由此引发了大量对政府与市场在具体领域中作用关系的研究。中小企业融资服务领域也不例外。

　　缓解中小企业融资困难，增强企业融资可得性已成为许多国家公共政策目标之一（Lev Ratnovski and Aditya Narain, 2007）。各国在实践中探索了政策信贷、信用担保、风险投资、民间金融、资本市场、投贷联动等多方位支持中小企业融资的举措。与此同时，相关研究又认为政府在小企业融资服务体系中的作用是有限的，斯蒂格利茨（Stiglitz, 1997）指出中小企业融资中的市场失灵源于信息不对称，需要政府采取相应措施进行纠正和弥补，但政府只是纠正和弥补市场缺陷，政府干预手段和方式必须正确。伯杰（Berger, 1998）提出政府的政策导向性融资模式有严重的局限性，必须进行严格的监管，否则会产生较高的道德风险。伯格斯特罗姆（Bergstrom et al., 2000）对瑞典政府 1987～1993 年企业融资补贴的数据进行效用分析，发现政府补贴仅能对企业发挥一年的正面效用，第二年负面效应就开始出现，并且随着时间的延长逐渐扩大。通厄伦（Tongeren, 1998）在考察了荷兰政府的企业投资补贴对企业投融资的影响后，认为政府干预虽然有效改善了企业的偿债能力，但是对企业的投融资决策会产生不恰当的影响。有学者甚至对地方政府以间接方式介入中小企业融资市场的效果提出质疑，勒拉尔热、萨尔拉、泰斯马尔（Lelarge, Sraer, Thesmar, 2010）选取了 1987～1993 年瑞典政策性担保机构为中小企业提供融资服务的数据，发现政策性担保容易引发道德风险，增加受资企业的破产风险。

国内相关研究多关注政府介入中小企业融资的原因和政府介入中小企业融资的方式，关于政府与市场在中小企业融资服务体系中作用有效性的理论研究很少，主要包括：林毅夫（2001）提出，为中小企业提供成本较低的有效的融资服务要建立全社会的信用体系、专业的社会征信机构、社会的风险担保体系、以地方中小银行为主的金融体系，还要处理好政府、市场与社会的关系；郭田勇（2012）研究民间金融在中小企业融资中的作用时指出，民间金融合法化并不意味着政府监管的放松；陆岷峰（2010）从中小企业融资性质辨析入手，界定了不同类型中小企业融资服务中政府和市场的作用范围；胡竹枝等（2007）剖析了当前中小企业融资支持中市场失灵和政府失灵现象，提出在中小企业融资服务中第三种力量应作为市场机制和政府机制的有益补充。

如第一章所述，政府在中小企业融资服务体系中作用有限性的观点已是共识。但是政府和市场作用的边界在哪里、政府介入受哪些因素制约、政府在中小企业融资服务中职能变化应遵循什么样的逻辑等基础问题还未有深入的研究。在中国，正在进行的供给侧结构性改革需要完善中小企业融资服务体系，提高融资服务效率，降低中小企业的融资成本。而合理界定政府和市场在中小企业融资中的有效性边界对于理顺参与各方关系、提高中小企业融资服务效率具有现实意义。为此，本章拟从三个方面对政府和市场在中小企业融资服务体系中的作用有效性进行理论探析，为下面的实证分析做准备。一是从理论上探寻政府和市场在中小企业融资服务体系中的作用边界；二是分析影响政府和市场在中小企业融资服务体系中职能分工的宏微观因素；三是提出政府在中小企业融资服务中职能的动态变化逻辑。

2.1　中小企业融资服务体系中政府与市场作用理论边界探析

2.1.1　基于交易成本的政府和市场的作用界限

科斯在 1937 年发表了《企业的性质》一文，以交易成本界定了企业和市场的界限。在一个特定的经济活动中，当资源数量既定时，由市场按价格机制配置资源还是由企业自行配置资源，取决于两者相对成本的比较。当市场按价格机制配置的最后一单位资源产生的边际成本费用恰好等于企业参与最后一单位资源配置所需要的边际成本费用时，资源配置达到了最优状态。

借鉴科斯对企业与市场边界的分析，将政府与市场的关系也看成一种替代关系，确切地说是交易成本之间此消彼长的关系。市场活动的交易成本就是市场失灵成本，政府干预的成本看作是政府失灵成本，如寻租、腐败、低效率、对私人活动的挤出效应等。市场失灵需要政府介入。随着政府介入深度的加深，市场失灵成本在减小，政府失灵带来的交易成本逐渐增大。因此选择市场还是政府，或者说政府在什么时机介入市场最佳，取决于两者交易成本的对比关系。图 2－1 表达了在市场运行机制中政府和市场损失成本的这种替代关系，从纯公共产品到准公共产品再到私人产品领域，政府失灵成本不断上升，交易成本线从左上方向右下方倾斜；而市场失灵成本在减少，呈现出从左下方向右上方上升的趋势，在两者的交点（A 点）政府交易成本正好等于市场交易成本，A 点被看作是政府和市场分工的最优点，这为界定政府和市场在某一经济领域中作用边界提供了理论基础。

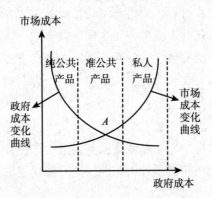

图 2－1　基于交易成本的政府和市场替代关系

贾科夫等（Djankov et al.，2003）也以交易成本为视角，运用市场无序成本和政府干预成本的对比关系描述了"市场自由竞争—私人诉讼—政府监督—政府介入直接生产—市场自由竞争"的政府与市场在社会经济活动中的变化过程。他们认为一个社会中政府和市场两大主体的活动会有两个极端：一个是市场行为无序而造成的社会损失（成本），一个是政府过分干预带来的社会损失（成本）。他们用制度可能性边界（institutional possibility frontier）

来描述市场无序成本和政府介入损失成本之间的替代关系（见图 2-2）。当市场上私人无序成本很高时，政府介入；随着政府介入程度逐渐加深，私人无序成本在减少，政府干预带来的政策偏差、低效率、寻租等成本却在增大。在制度可能性边界线上各点是在不同政策制度下的政府干预成本与市场损失成本的组合，其与 45 度等损失线的切点是使市场失灵和政府失灵带来总损失最小的制度组合，也就是政府介入市场的最优点（最优政策）。

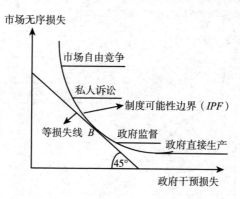

图 2-2　基于 IPF 的政府与市场的替代关系

2.1.2　政府和市场在中小企业融资服务体系中的作用边界

对于中小企业融资服务体系而言，市场和政府在其中的作用轨迹恰好能体现上述市场成本和政府成本的替代过程。规模小、信用低、经营风险大、信息不对称等原因使市场不愿投资中小企业，市场自行配置满足不了中小企业融资的需求，需要政府介入，弥补市场失灵。政府介入后市场交易成本在降低，但政府介入超过最优点后又带来市场扭曲、寻租、监管失效、企业竞争力降低等问题，政府干预成本增加。市场损失成本和政府干预成本组合最小化的那一点就是政府和市场在中小企业融资服务市场中的最佳制度组合点，有了它，政府与市场在经济领域中的作用边界就有了界定标准。

单纯从技术上分析，政府和市场最佳作用点的位置取决于制度可能性边界的斜率。图 2-3 中刻画了两条由市场因素和政府因素构成的制度有效组合集 IPF₁ 和 IPF₂。IPF₁ 较平缓，表明政府干预对市场产生的边际替代率较小，市场力量较弱，需依赖政府的支持和引导，是偏重于政府主导型的制度组合，要求政府在中小企业融资服务体系中发挥主导作用；IPF₂ 较陡峭，表明政府介入对市场的边际替代率增大，政府干预给社会带来的损失成本加大，是偏重于市场主导型的制度组合，这时应让市场在中小企业融资服务体系中发挥主导作用。IPF 斜率取决于社会体制的类型、社会文化传统、社会信用结构等，不同的国家、同一国家的不同时期、同一国家同一时期的不同经济主体特征，都会导致制度可能性边界斜率的改变。随着制度可能性边界斜率的变化，政府和市场在中小企业融资服务体系中的职能需要不断地做出动态调整，以更好地适应中小企业的融资需求。

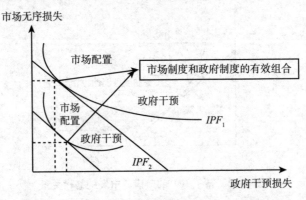

图 2 - 3   不同体制下市场配置和政府干预的有效组合

随着我国市场经济体制改革不断深化及社会经济形势的变化，中小企业融资服务面临的环境也在变化。一是中小企业融资来源日益多元化，国有资本、民间资本、外商资本等共同在中小企业融资服务体系中发挥着重要作用。二是融资资金渠道日益多样化，财政资金、银行等金融机构贷款、民间信贷、多层次的资本市场等对中小企业融资提供多样化的资金来源。三是为中小企业融资服务的手段不断创新，政策性金融、融资担保、融资担保保险、风险投资、中小企业集合债等融资服务手段的创新为缓解中小企业融资困难提供了多样化的支持。这些新变化要求对政府与市场在中小企业融资服务体系中的职能及时做出动态调整。

2.2   中小企业融资服务体系中政府与市场作用边界动态调整的影响因素

政府与市场的边界理论及我国中小企业投融资环境的变化要求以动态的

视角去审视中小企业融资服务体系中政府与市场的职能边界，这意味着政府、市场为中小企业融资服务的最优效率是相对的，需要根据具体的形势适时做出调整。中小企业融资服务中市场自行配置效率和政府介入后配置效率的对比关系是评价中小企业融资服务体系中政府和市场职能分工合理与否的重要指标。

影响中小企业融资服务中政府和市场职能分工效果的因素主要有以下三个方面。第一，中小企业特征。信息不对称是造成中小企业难以融到资金的主要因素，而企业信息不对称程度与企业的特征有关。企业规模大小、是否有抵押资产、风险评分以及获利能力是影响企业短期和长期融资能力的关键性因素（Bougheas，Mizen，Yalcin；2005）。第二，融资服务体系中各参与主体的合作关系，特别是银企关系影响着中小企业融资易得性和融资的持续性。第三，宏观环境因素，如地域位置、地域经济发达程度、地域信用体系完善程度、金融业的发达程度等，影响着企业、银行、担保机构等融资体系参与主体之间交易的顺利进行。

2.2.1　企业特征

信息不对称是造成中小企业难以融到资金的主要原因，而企业信息不对称程度与企业特征有关，企业特征又与企业所处的生命周期密切相关。所以企业生命周期成为研究企业特征如何影响政府与市场在中小企业融资服务中职能分工的一个典型视角。韦斯顿和布里格姆（Weston and Brigham，1970）探讨了企业成长周期与其融资资金构成的关系，他们按企业资本构成、年销售额和利润将企业分为创立初期、成长期（又细分为Ⅰ、Ⅱ、Ⅲ）、成熟期和衰退期四个阶段。在企业初创期，信息不对称显著，市场资金的自行配置是失效的，在利润的诱导下，市场资金流向有直接效益的成熟企业，初创期企业只能依赖于内源融资、天使资金、民间高利贷等非主流外源融资，但这些资金难以满足企业需要。因此初创期是中小企业融资困难期，需要政府介入：建立为中小企业融资服务的政策性金融机构，提供优惠贷款扶持符合政府产业政策导向的初创期的中小企业；建立政策性融资担保机构为初创期的中小企业向银行贷款进行担保，弥补贷款抵押物的不足；设立政府风险投资基金为高风险的高新技术中小企业提供资金扶持。在成长期，企业实力增强、信用好转，商业信用成为企业的融资渠道之一，以商业银行为主的金融中介机构，充分发挥信息处理优势，在最大限度降低由于信息不对称带来的逆向选择和道德风险问题的前提下，开始筛选成长型企业发放贷款。在成熟阶段，企业财务信息透明度增加，信息不对称进一步降低，企业对融资成本承受能力提高，企业融资约束进一步缓解，甚至可以到公开资本市场进行融资（Berger，Klapper，Udell，2001）。这时以政府为主导的直接扶持让位于市场配置，转而专注于良好的银企关系、企业信用体系的营造等间接扶持。

2.2.2 中小企业融资服务体系各参与主体的合作关系

在中小企业融资过程中，作为借方的中小企业、作为贷方的金融机构、作为第三方的担保机构三者之间的信誉度与相互间的合作关系决定着政府该不该介入、以什么方式介入及退出的时机。

首先，银企关系。银行贷款是中小企业获得外源融资的主要渠道。银企关系靠以下两类信息维持：一类是企业财务数据、税收数据等硬指标。由于对这些指标不信任，为避免逆向选择和道德风险，以银行为代表的贷款人在利益与风险的权衡中不约而同地选择了信贷配给策略，大银行的资金主要流向大企业。大银行的行为产生"羊群效应"，中小商业银行也热衷于选择大企业为贷款对象。殷孟波等（2008）发现我国中小银行信贷投放呈现向较大企业集中的趋势。另一类是通过长期的金融交易而形成的仅为银企双方当事人拥有的专有信息，以这类信息为基础的融资就是所谓的关系型融资。在关系型融资模式下，银行凭借与企业的密切关系对企业的运营和抵押等进行监督，从而降低风险损失成本，提高融资效率。很多研究已表明，中小企业的银企关系中关系型融资特征比大型企业要显著得多。夏普（Sharp，1990）构建了一个跨期分析框架证明了关系型融资在中小企业融资中具有强大的生命力。

其次，银保关系。中小企业融资担保机构在中小企业融资服务体系中发挥着重要作用，但是银保关系的不和谐制约着其作用的发挥。在银保关系中，银行作为资金的供应者处于主动地位，加上两者之间也存在着信息不对称，因此在市场利己主义的背景下，银行往往提出苛刻的条件：要求担保机构承担大比例的贷款风险；要求担保机构承诺连带责任保证；压低担保倍数等。而不平等的合作关系和大比例的风险分担又迫使担保机构不得不压缩为中小企业融资提供担保的业务。

最后，企保关系。商业性担保公司是一个利益主体，通常采取提高担保费率、要求受保企业缴纳风险保证金、提供反担保等措施来避免利益损失和降低风险，从而使企保关系出现逆向选择。那些求助于商业性担保公司的中小企业的项目往往具有高风险、高收益、低成功率。高违约风险的中小企业（或项目）赶走了低违约风险的中小企业（或项目）（薛菁、侯敬雯，2012）。

上述银行、企业、担保公司三方之间的矛盾关系是不可调和的，为政府介入中小企业融资服务体系提供了理由。常见的做法包括：建立政策性担保机构为中小企业进行信用增级，分担银行的部分风险；用财政资金弥补在信息不对称中处于信息弱势一方的风险损失，如政府对银行在中小企业贷款中产生的坏账损失给予财政补偿，为商业性和互助性担保机构的中小企业融资担保业务给予财政专项补贴、业务创新奖励、税收优惠等；发展政策性金融，政策性银行、政策性保险等为符合国家产业政策的中小微企业提供低息贷款服务。

当然，随着市场经济的成熟、信用制度的日益完善，当市场各方的参与者学会了尊重和遵守市场规则时，政府的作用应及时做出调整，从直接的补贴向间接的扶持和制定规范转化，从宏观性的普惠支持转向结构性的定向支持，为市场自我调节腾出空间，减少政府对市场直接干预带来的副作用。

2.2.3 宏观环境因素

宏观环境因素使得不同地域政府与市场的作用边界出现差异。与地域位置相关的宏观环境因素包括：

1. 地区经济发达程度

经济发达地区一般也是资本市场发达的地区，在我国，较大规模的风投机构总是喜欢聚集在长三角地区、珠三角地区、环渤海经济圈等，风投机构的总部大都位于北京、上海、广州、深圳、杭州等经济发达城市，处于这些地区的中小企业较易从市场上成功融资。因此从地域经济发展程度看，政府之手应重点为经济不发达地区的中小企业融资服务。

2. 信用体系建设程度

信息不对称是造成中小企业融资困难的主要原因，减少企业和银行、投资主体间的信息不对称也是缓解中小企业融资困难的切入点。较好的信用市场环境，特别是其中的企业征信系统、信用担保系统、失信惩戒系统等是市场机构顺利服务于地区中小企业融资的重要前提。我国东西部地区之间、城乡之间信用体系建设存在较大差距，东部沿海地区社会信用体系建设明显超前于中西部。上海早在 1999 年就开始社会个人信用体系建设；深圳、北京、辽宁、浙江、江苏等地已有了城市信用体系规划，启动了社会征信体系建设示范工程。但是中西部信用体系在法律、体制、市场需求等领域还存在诸多问题。因此，从地区的信用体系建设情况看，中西部地区比东部沿海发达地区更需要政府的融资支持，政策性担保、政策性贷款、政府风投基金等能在一定程度上弥补由于征信环境不佳而造成的中小企业融资需求的缺口。

3. 金融体系发达程度

发达的金融系统是中小企业能在市场上获得融资的基础，金融体系越发达的地区，银行、担保机构、投资公司、财务公司等在中小企业融资服务体系中的表现和创新就越活跃。金融市场越活跃越有助于银行与小企业之间保持长期合作关系，中小企业获得外源资金的机会就越高，一些信用级别相对较低的小企业也有可能获得融资支持。杰洛斯和维纳尔（Gelos and Werner, 2002）曾以墨西哥数据为例，得出金融市场竞争程度的提高使得中小企业的融资条件获得改善，信贷约束压力得到缓解的结论。在我国，东部地区的金融发展水平明显高于中西部地区，夏祥谦（2014）对各省份金融发展水平进行排序，在全国排名前 10 位的省份中，东部 8 个、中部为 0、西部 2 个。因此政策性金融对西部地区金融发展贡献最显著（赵楠，2007）。总之，政府和市场在中小企业融资服务体系中的作用分工随着地区金融发展水平的不同而不同，在金融市场发达的地区市场起主导作用，金融市场不发达地区更需要政府的引导和扶持。

2.3　中小企业融资服务体系中政府职能变化的逻辑

2.3.1　定位的变化：由"政府干预为主"到"市场资金自行配置为主"

中小企业融资难是市场失灵的产物，政府支持中小企业融资是世界各国的普遍做法，发展中国家中小企业融资困难的缓解亟需政府介入。但在市场经济体制下，一切经济活动以尊重市场配置为前提，中小企业融资活动应遵守资本市场竞争规律和优胜劣汰的竞争原则，政策功能不能替代市场中金融主体的选择。中小企业投融资体系的构建，既需要政府的积极支持，更需要市场的主动性。

在我国，政府财政专项补贴、政策性担保、政策性金融等对缓解中小企业融资困难发挥着主导作用。但随着我国中央财政资金预算约束日益严格，多元化的资本市场逐渐形成，中小企业融资服务体系中政府职能由直接干预转向间接介入，政府支持中小企业融资的政策要随着企业融资需求变化有进有退，变"主导"为"辅助"，致力于营造有利于投融资交易的公平的契约环境。用政策激励中小银行、非政府背景风投公司、商业性或互助性担保机构等主动为中小企业融资服务，对民间资本进入中小企业融资市场给予政策引导和制度规范。

2.3.2　扶持方向的变化：由"普惠"到"特惠"

在我国财政资金有限、社会资金充裕的背景下，市场理所当然是中小企业融资服务的主体，政府融资服务应看作是对市场融资服务失灵的矫正和弥补，是对中小企业融资服务资源的再分配，"再分配"要求政府的作用范围由服务初期的"一刀切"扶持转向"有重点、有区别"的结构化扶持。特惠性质的结构化扶持要求：一是对融资企业所处的产业和项目进行甄别。对整个国民经济具有先导作用的行业，符合国家产业政策导向的从事高新技术、节能降耗、处于转型升级中的中小企业项目融资给予财政扶持和政策倾斜，退出高污染、高能耗的企业和项目。二是对企业所处的发展周期进行甄别。政府对中小企业融资的服务内容因企业生产周期的不同而变化，政府风投基金、财政资金应支持初创期符合产业政策导向的企业，对处于成长期和成熟期的中小企业的融资需求，政府的职能是用政策引导市场资金投向。三是对中小企业融入资金具体投向进行甄别。企业融资用途也影响着政府和市场对中小企业融资服务的边界，如果企业因原料采购、生产经营日常周转困难而融资，市场资金是合适的投资主体；如果企业因购买厂房、设备等固定资产产生的资金需求，原则上首先由企业的自有资本满足，然后求助于资本市场、社会资金，政府则对符合产业导向的项目进行扶持。

政府支持在中小企业融资服务中的结构化取向有助于厘清政府和市场在中小企业融资服务体系中的关系，推动中小企业融资财税支持政策改革。财政对中小企业融资服务不再"撒胡椒面"，不再只是资金的直接无偿补助，而是注重规则的制定。企业也不再是被动等待，作为市场主体可以合法主动争取，政府、市场服务主体、中小企业间的关系将更加和谐，有限财政资源将得到更有效的利用。

2.3.3 风险分担的变化：由"风险主要承担者"到"风险共担机制的维护者"

合理的风险分担是中小企业融资服务体系持续有效运行的关键。在我国，中小企业融资服务各方的风险分担比例呈现政府多、市场少，担保机构多、银行等金融机构少的特征，甚至片面地将政府支持中小企业融资理解为中小企业融资的风险应该全部由政府补偿。这种误解将使政府财政风险随着对中小企业融资支持力度的加大而不断集聚，中小企业融资服务市场公平的竞争规则被破坏，最终影响了中小企业融资服务市场的活力。作为市场主体，共担中小企业融资中的风险是市场竞争法则应有的题中之意，是投融资各方获得收益应付出的成本。风险的合理分担虽然不会彻底消除风险，但是可以规避风险积聚，因此由政府介入构建一个政府财政、商业银行、担保机构、中小企业之间风险共担的机制，维护参与各方风险分担的公平性和合理性是政府在中小企业融资服务体系中的重要角色定位。政府有责任保护风险承担体系中弱势方的利益，如规定商业性担保机构和承贷银行之间的风险分担比例；成立政府性再担保机构分散担保机构的风险等。

2.3.4 政策工具选择和搭配的变化：从"零碎"到"系统"

政府通过政策工具干预中小企业融资市场，不同的政策工具有着不同的目标和作用机理，政策工具的合理选择与有机搭配是科学界定政府在中小企业融资服务体系中责任的一种体现。根据我国中小企业融资市场的发展现状，政策工具需要从零碎向系统转化。中小企业融资支持政策工具系统化要求：一是制定政策工具选择与搭配的指导性原则，如政策工具的地位、类型、使用条件、效果评估以及政策工具创新等。二是选择传递政策意图的中介目标，只有中介目标有效，才能及时将政策意图传递出去。中介目标选择余地很大，角度多样，利率、资本金、融资供给、融资需求等都可以作为中介目标。当多个中介目标重叠时，要分清轻重缓急。三是政策工具的整合。政府用于融资担保的政策工具很多，政策工具的不同组合会产生不同的融资服务效率，政府应对专项资金、财税政策等政策工具进行整合，撬动市场、社会资金更多地参与到中小企业融资服务中来，使有限的财政资金产生乘数作用。当前政策工具作用重点包括：创业投资引导基金如何引致非政府背景的风投资本为初创期的高新技术中小企业服务；如何应用政策工具协调政策性金融和商业性金融在中小企业融资服务中的关系；政策性担保机构如何与商业性担保机构、互助性担保机构分工与协作；如何从政策上支持中小企业进入资本市场融资；如何对民间金融进行有效监管；如何补偿商业性金融机构对中小企业贷款的风险；等等。

第3章

政策性银行、商业银行、民间信贷在中小企业融资服务体系中作用的有效性分析

　　资金是企业经营发展的物质基础。从企业资金的来源渠道看，有内源融资与外源融资两种，外源融资是企业从外部经济主体中吸收闲置资金并将其用于生产经营的过程，分为债务性外源融资和股权性外源融资。对于大多数中小企业而言，债务性外源融资是其获得外源资金的主要渠道。近年来，随着对中小企业融资难问题的重视，政策性银行、商业性金融机构、民间信贷成为当前我国中小企业获得债务性外源资金的三个主要渠道。但由于三类信贷资金的提供主体、融资机理、风险特征等不同，其在中小企业融资服务体系中的融资服务效率也存在差异，这种差异实际上反映了中小企业融资服务体系中政府、市场作用的差异。分析这种差异对于正确认识和恰当界定中小企业融资服务体系中政府与市场作用边界，找准中小企业融资支持政策的着力点，实现政府与市场、社会的良性互动具有现实意义。

　　近年来，我国政策性金融机构、商业性金融机构、民间信贷在中小企业融资服务体系中表现日益活跃，学者们对这三种信贷资金在中小企业融资服务中的作用及关系进行过一些研究。如白钦先（2013）对政策性金融、商业性金融、合作性金融这三种相互联系却又有着本质区别的金融组织形态和金融资源配置方式在金融体系中的关系和作用进行过深入的阐述。贾康等（2009）研究了政策性金融在整个国家金融体系中的定位，认为相对于商业性金融来说，政策性金融只是"配角"，商业性金融应在社会资金配置中起到基础性、主导性作用，但就全局而言，政策性金融之"配角"地位，并

不排斥与否定其在某些特定领域的资金融通中发挥决定性的"主角"作用。丁明（2010）借鉴琼斯和马努埃利（Jones and Manuelli，1990），巴罗和萨拉尹－马丁（Barro and Sala-I-Martin，1995）生产模型从理论上推演出民间金融创新可以提高农村中小企业资本积累速度，为其扩大再生产提供资金支持的结论。这些研究侧重理论上的探讨，很少从实证角度对三种资金在中小企业融资服务体系中的服务效率进行考察，更没有以融资服务效率为视角探讨三种资金在中小企业融资服务体系中的服务功能和服务区间。

衡量信贷资金对企业的融资服务效率可从资金供给者的角度，即以贷给企业的资金数额或企业资金可得性难易程度来衡量；也可以从资金使用者的角度，即以企业获得的融资额对其发展产生的影响来表示。本书选择后者作为衡量指标，拟从资金使用者——中小企业的角度，对三种信贷资金的融资服务效率进行实证考察，进而探讨三种资金在中小企业融资支持体系中的功能和作用区间。

本章主要内容安排：一是理论简述。比较政策性银行、商业银行、民间信贷为中小企业融资服务的机理特征。二是实证分析。首先，总体考察政策性银行贷款、商业银行贷款、民间信贷资金对中小企业融资服务的效率；其次，比较分析三种信贷资金对不同规模、行业、生命周期的中小企业的融资服务效率；最后，探讨三种信贷资金在中小企业融资服务体系中的相互关系，主要检验政策性银行贷款是否对商业银行贷款存在引致效应及民间信贷是否对商业银行贷款起补充作用。三是点明本章的政策意义——合理界定三种资金在中小企业融资服务体系中的功能与服务区间。

3.1　三种信贷资金为中小企业融资服务的机理特征

3.1.1　政策性银行为中小企业融资服务的机理特征

政策性金融是政府为实现一定的产业政策和其他政策目标，通过国家信用方式筹集资金，由财政统一掌握管理，并根据国民经济和社会发展规划，以出资（入股）和融资（贷款）方式，将资金投向急需发展的部门、企业或事业的一种资金融通活动。[①] 政策性银行是政策性金融体系的重要组成部

_____

① 陈共：《财政学》（第七版），中国人民大学出版社 2012 年版，第 110 页。

分，具有信用基础的国家性、经营范围的政策性、资金来源的特殊性等特征，可以弥补中小企业融资中存在的市场失灵，规避中小企业在信用方面的劣势，使得符合国家经济发展方向的中小企业获得较低成本的资金支持，同时引导社会资金供给流向符合国家政策的产业、区域。我国目前能为中小企业提供政策性贷款的金融机构包括国家开发银行、中国进出口银行和中国农业发展银行。其中国家开发银行早在 2000 年就提出在保证国家重点项目资金需要的基础上，积极探索支持我国广大中小企业发展的新模式，与中小商业银行合作为中小企业提供多种形式的融资服务，向中小微企业提供贷款、向中小企业提供贷款担保等。

3.1.2 商业性金融机构为中小企业融资服务的机理特征

与政策性银行贷款相比，中小企业通过银行信贷渠道进行融资具有获得资金较快、手续较简便、贷款方式选择性大、资金使用自由度大等优点。银行贷款是中小企业最希望获得的债务性外源资金。但由于商业性金融机构以追求利润最大化为经营目标，在为中小企业融资服务的过程中，出于防范风险的考虑，银行一方面对中小企业实行信贷配给，将信息缺失严重的中小企业排斥在外，另一方面要求以抵押和担保作为中小企业获得贷款的必备条件，在一定程度上制约了中小企业银行贷款的可得性。这种银行信贷资金需求与供给的矛盾在各国普遍存在，伯杰和德尔（Berger and Udell，1998）的研究结果就显示，英国中小微企业最主要的外源融资仍是银行信贷资金，但其占企业全部外源融资的比重由 1985～1990 年的 60% 下降到 1995～1997 年的 48%。① 在美国中小企业银行信贷融资比重仅占资金来源的 29%，融资成本要比大企业高 3～6 个百分点。《中国小微企业发展报告 2014》中也指出，我国小微企业的银行信贷资金可得性仅为 46.2%。

商业银行按规模的大小分为大银行和小银行。研究发现，小银行在收集和处理企业的软信息方面比大银行更具有比较优势，小银行与中小企业融资需求的契合度高于大银行（Beger et al.，2002）；中小银行发展显著降低了

---

① Allen N. Berger, Gregory F. Udell, "The Economics of Small Business Finance: the Roles of Private Equity and Debt Markets in the Financial Growth Cycle", *Journal of Banking and Finance*, Vol1. 22, 1998, 613–673.

企业投资对现金流的敏感性，有效缓解了中小企业融资约束（姚辉军、黄钢锋，2014）。因此，银行业中存在一种基于规模的专业化分工，即大银行主要向大企业提供贷款，小银行主要给小企业贷款（林毅夫等，2009）。大力发展中小银行成为近年来被认同的缓解中小企业贷款难的主要举措。

3.1.3 民间信贷资金为中小企业融资服务的机理特征

根据中央银行的定义，民间金融指相对于国家依法批准设立的金融机构而言的非金融机构的自然人、企业及其他经济主体（财政除外）之间以货币资金为标的的价值转移及本息支付，资金交易的基础是借贷双方间的信任和了解。企业的集资、亲朋好友间的借贷、民间招商等都属于民间金融的范畴。其特点是规模小、产权明晰、信息透明度高、监督和管理成本低、资金利率较高、借贷程序简单，是目前小微企业融资的重要来源。在特定的条件下，民间借贷对中小企业融资服务效率是正规金融体系无法比拟的。菲斯曼和罗贝尔特（Fisman and Roberta，2002）对44个国家的37个行业的数据进行实证分析后发现，在金融体系不发达的国家，与大量使用商业信用行业中的企业相比，较少使用商业信用行业中的企业的利润增长率要低一些。但是民间金融为中小企业融资服务的有序性需要政策制度的维护和支持，制度供应的不足会使其蕴含着极大的风险，影响其融资服务效率。

3.2 三种信贷资金为中小企业融资服务效率实证分析

3.2.1 研究目的与模型设计

1. 政策性银行、商业银行、民间信贷对中小企业融资服务效率总体考察

由于三种信贷资金为中小企业融资服务的机理特征的不同，使其对中小企业经营发展的支持作用必然存在差异，这种差异在一定程度上反映了政策性银行、商业银行、民间信贷为中小企业融资服务效率的区别。

为分析三种信贷资金对中小企业发展所带来的影响，这里借用柯布—道格拉斯的生产函数，假设在一定的技术条件下，某个中小企业在每个生产周期中利用资本总投入 K 和劳动力总投入 L 两种生产资料进行生产，函数形式表示为：

$$Y = AL^{1-\alpha}K^{\alpha} \tag{3.1}$$

其中，Y 为中小企业在一定周期的产出水平，A 为技术水平，α 介于 $0 \sim 1$ 之间。为了突出资本对中小企业发展（产出）的影响，这里有意简化劳动投入变量 L，将（3.1）式中的总量指标转化为人均指标，变为：

$$\frac{Y}{L} = \frac{AL^{1-\alpha}K^{\alpha}}{L} = A\frac{L^{1-\alpha}}{L^{1-\alpha}} \cdot \frac{K^{\alpha}}{L^{\alpha}} = A\left(\frac{K}{L}\right)^{\alpha} \tag{3.2}$$

令 $y = \dfrac{Y}{L}$，$k = \dfrac{K}{L}$，则（3.2）式简化为：

$$y = Ak^{\alpha} \tag{3.3}$$

因为要分析不同来源资金对中小企业的融资服务效率，这里将 K 差异化为内源融资资金、政策性银行贷款资金、商业性银行贷款资金、民间信贷、债券融资资金、外源股权性资金、政府补助等。由于目前中小企业资金主要来源于内源融资和外源信贷融资，享受政府补助资金的企业不多且数额小，能进行债券融资和股权融资的中小企业更是少数。因此这里将（3.3）式中的 k 分解为内源资金（KN）、政策性银行贷款资金（KZ）、商业性银行贷款资金（KS）、民间借贷资金（含小额贷款企业的资金、商业信用等，用 KM 表示）、其他外源资金（债券融资、股权融资和政府补助等，用 KQ 表示），因此，式（3.3）变为：

$$y = A(KN^{\gamma_1} \cdot KZ^{\gamma_2} \cdot KS^{\gamma_3} \cdot KM^{\gamma_4} \cdot KQ^{\gamma_5})^{\alpha} \tag{3.4}$$

对（3.4）式两边取自然对数，得到：

$$\log y = \alpha \ln A + \alpha\gamma_1\ln(KN) + \alpha\gamma_2\ln(KZ) + \alpha\gamma_3\ln(KS) + \alpha\gamma_4\ln(KM) + \alpha\gamma_5\ln(KQ) \tag{3.5}$$

令 $c = \alpha \ln A$，$\beta_1 = \alpha\gamma_1$，$\beta_2 = \alpha\gamma_2$，$\beta_3 = \alpha\gamma_3$，$\beta_4 = \alpha\gamma_4$，$\beta_5 = \alpha\gamma_5$，设 μ_{it} 为随机误差项。由于当年贷款在企业经营中发挥作用需要经过一定的时期，所以这里选择滞后一期的内源资金、政策性银行贷款、商业性银行贷款、民间信贷、其他外源资金作为解释变量。鉴于企业融入的资金对企业发展的影响是综合性的，本书选取杜邦分析系统中的净资产收益率指标来表示当期产出 y，该指标综合反映了企业经营状况、投资状况、筹资状况，且为单位资产收益指标，在不同类型企业间有可比性。为此，本书建立了面板模型一，反映各种来源资金对中小企业发展的服务效率：

$$\ln y_{it} = c + \beta_1 \ln(KN_{it-1}) + \beta_2 \ln(KZ_{it-1}) + \beta_3 \ln(KS_{it-1})$$
$$+ \beta_4 \ln(KM_{it-1}) + \beta_5 \ln(KQ_{it-1}) + \mu_{it} \qquad （模型一）$$

2. 三种信贷资金对不同规模、行业、生命周期的中小企业的融资服务效率比较

从三种资金为中小企业融资服务的机理特征的比较中可以看出，政策性银行贷款、商业银行贷款、民间资金为中小企业提供融资服务是有所选择和偏向的。那么这种选择和偏向是否有效率？为回答这一问题，本书对不同规模、行业、生命周期特征下三种资金在中小企业中的融资服务效率进行比较，为界定中小企业融资服务体系中政府、市场、社会作用区间提供依据。

仍沿用模型一的设定，将企业规模——ln（SIZE），用滞后一期的企业年初和年末资产的平均数的自然对数表示、所处行业（IND，分类变量）、所处生命周期（YEAR，用企业成立的年限表示）引入模型，用 SIZE、IND、YEAR 与政策性银行贷款 ln（KZ_{it-1}）、商业银行贷款 ln（KS_{it-1}）、民间资金 ln（KM_{it-1}）的交互项分别代替"模型一"中的 ln（KZ_{it-1}）、ln（KS_{it-1}）、ln（KM_{it-1}），比较在不同规模、行业、生命周期特征下相同数额的信贷资金对企业发展的影响差异。为此，本书建立以下三个面板模型：

$$\ln y_{it} = c + \beta_1 \ln(KN_{it-1}) + \beta_2 \ln(SIZE_{it-1}) \times \ln(KZ_{it-1}) + \beta_3 \ln(SIZE_{it-1})$$
$$\times \ln(KS_{it-1}) + \beta_4 (\ln(SIZE_{it-1}) \times \ln(KM_{it-1}) + \beta_5 \ln(KQ_{it-1}) + \mu_{it}$$
$$（模型二）$$

$$\ln y_{it} = c + \beta_1 \ln(KN_{it-1}) + \beta_2 IND \times \ln(KZ_{it-1}) + \beta_3 IND \times \ln(KS_{it-1})$$
$$+ \beta_4 IND \times \ln(KM_{it-1}) + \beta_5 \ln(KQ_{it-1}) + \mu_{it} \qquad （模型三）$$

$$\ln y_{it} = c + \beta_1 \ln(KN_{it-1}) + \beta_2 YEAR_{it-1} \times \ln(KZ_{it-1}) + \beta_3 YEAR_{it-1} \times \ln(KS_{it-1})$$
$$+ \beta_4 YEAR_{it-1} \times \ln(KM_{it-1}) + \beta_5 \ln(KQ_{it-1}) + \mu_{it} \qquad （模型四）$$

3. 三种信贷资金在中小企业融资服务中的相互关系探讨

从理论上理解，政策性金融具有政策上的信息优势，其支持的项目被市场认为是符合国家产业政策导向的优秀项目，因此政策性资金对市场资

金有强烈的诱导功能，可以降低商业性金融机构对中小企业信息的不信任感，引发商业性金融资金跟进投资。另外，在银行信贷资金不能满足中小企业需求的背景下，民间信贷的活跃在一定程度上有效弥补了银行信贷资金供需缺口。那么在实践中政策性银行资金是否起到了对商业银行贷款的引致作用？民间借贷在中小企业融资体系中是否起到了对商业银行贷款的补充作用呢？本书拟以企业取得的年度商业银行贷款额为被解释变量，以企业取得的政策性银行贷款额（滞后一期）、民间信贷额（滞后一期）、企业净资产收益率（滞后一期）为解释变量，以影响银行贷款可得性的企业规模、所处行业、生命周期为控制变量建立面板回归模型五，对上述问题进行考察。

$$\ln(KS_{it}) = c + \phi_1 \ln(KZ_{it-1}) + \phi_2 \ln(KM_{it-1}) + \phi_3 \ln(y_{it-1})$$
$$+ \gamma_1 \ln(SIZE_{it-1}) + \gamma_2 IND + \gamma_3 YEAR_{it} + \mu_{it} \qquad (模型五)$$

3.2.2　数据来源和指标

1. 数据来源

为了解中小企业的融资来源及使用状况，2014年7月至2015年4月间，本书课题组先后在四川成都高新技术产业区和经济技术开发区，湖北武汉江岸堤角都市工业园区，浙江宁波高新工业区、慈溪市和余姚市的部分工业区，辽宁大连长兴岛临港等工业园区，福建福州软件园和福州高新技术产业开发区，福建泉州高新技术产业开发区以及南安市、晋江市所属的部分工业区发放调查问卷。调查问卷由四个部分组成：第一部分为企业基本信息，第二部分为企业2008~2013年的主要财务数据，第三部分为2008~2013年企业融资意向和资金来源状况，第四部分为企业的诉求与建议。

为研究需要，问卷发放对象为成立年限在5年以上从事工业制造和新技术、新能源、新材料等生产的中小工业企业，共发放问卷650份，收回问卷423份，剔除其中的上市公司、在调查年份内存在净资产收益率为负或无法提供净资产收益率的企业，最后确定样本为339家企业，企业类型为有限责任公司、股份有限公司，公司的性质有国企、私企、外商独资或合资企业。按照《中小企业划型标准规定》的划分标准，中型企业52家，小型企业133家，微型企业154家。样本企业的分布情况如表3-1所示。

表 3 – 1　　　　　　　　　　　　被调查企业分布

城市	成都	武汉	宁波	大连	福州	泉州
问卷发放数	200	50	150	50	100	100
回收有效问卷数	96	25	100	24	50	44
被调查企业的主营业务	电子、生物制药、精密机械制造等	印刷包装、食品、机电等	家用电器、电子元器件等	机械制造、测量仪器等	环保科技、机电、新材料、新能源等	电子、服装布料、卫浴等

　　由于不是所有的被调查企业每年都有政策性贷款、商业性贷款、民间信贷的数据，所以本书的基础数据是 339 家企业 2009~2013 年非平衡面板数据。表 3 – 2 为模型一、模型二、模型三、模型四、模型五中涉及的变量的基本含义及主要统计量特征。

表 3 – 2　　　　　　　　模型中各变量定义及主要统计量特征

名称	定义	平均值	标准差
y_{it}	企业年净资产收益率（%）	2.635	1.75
KN_{it}	企业内源融资年取得额（万元）	49.904	75.329
KZ_{it}	企业政策性银行贷款年取得额（万元）	18.895	22.455
KS_{it}	企业商业性银行贷款年取得额（万元）	93.812	116.027
KM_{it}	企业民间借贷年取得额（万元）	54.034	37.532
KQ_{it}	其他融资渠道资金年取得额（含债券融资、股权融资等）（万元）	60.87	62.794
$SIZE_{it}$	企业年初和年末资产的平均数（万元）	345.94	208.734
$YEAR$	企业成立的年限（年）	9.098	5.380
IND	（分类变量）非高新类企业为 0，高新类企业为 1	—	—

2. 涉及变量的面板单位根检验和协整检验

　　本书中的数据具有 T 短 N 大的特征，可以不进行单位根检验和协整检验。但为防止出现伪回归，我们仍对涉及变量进行单位根检验。由于是非平衡面板数据，选择 ADF – Fisher 进行单位根检验。ADF – fisher 的检验结果显示，变量 $\ln y_{it}$、$\ln(y_{it-1})$、$\ln(KN_{it-1})$、$\ln(KZ_{it-1})$、$\ln(KS_{it-1})$、$\ln(KM_{it-1})$、$\ln(KQ_{it-1})$、$\ln(SIZE_{it-1})$、$YEAR_{it}$、$\ln(SIZE_{it-1}) \times \ln(KZ_{it-1})$、$\ln(SIZE_{it-1}) \times \ln(KS_{it-1})$、$\ln(SIZE_{it-1}) \times \ln(KM_{it-1})$、$IND \times \ln(KZ_{it-1})$、$IND \times \ln(KS_{it-1})$、$IND \times \ln(KM_{it-1})$、$YEAR_{it-1} \times \ln(KZ_{it-1})$、$YEAR_{it-1} \times \ln(KS_{it-1})$、$YEAR_{it-1} \times$

$\ln(KM_{it-1})$ 的 $I(0)$ 为非平稳，一阶差分后检验结果为无单位根，即为一阶单整变量 $I(1)$。单位根检验结果如表 3-3 所示。

表 3-3 变量的面板单位根检验

变量	ADF	结论	变量	ADF	结论
$\ln y_{it}$	1376.47 (0.0000)	$I(1)$平稳	$\ln(SIZE_{it-1})\times\ln(KZ_{it-1})$	1118.55 (0.0000)	$I(1)$平稳
$\ln y_{it-1}$	775.69 (0.0000)	$I(1)$平稳	$\ln(SIZE_{it-1})\times\ln(KS_{it-1})$	1166.61 (0.0000)	$I(1)$平稳
$\ln(KN_{it-1})$	639.697 (0.0000)	$I(1)$平稳	$\ln(SIZE_{it-1})\times\ln(KM_{it-1})$	1311.33 (0.0000)	$I(1)$平稳
$\ln(KZ_{it-1})$	800.240 (0.0000)	$I(1)$平稳	$IND\times\ln(KZ_{it-1})$	802.853 (0.0000)	$I(1)$平稳
$\ln(KS_{it-1})$	860.432 (0.0000)	$I(1)$平稳	$IND\times\ln(KS_{it-1})$	863.057 (0.0000)	$I(1)$平稳
$\ln(KM_{it-1})$	1048.08 (0.0000)	$I(1)$平稳	$IND\times\ln(KM_{it-1})$	1049.52 (0.0000)	$I(1)$平稳
$\ln(KQ_{it-1})$	1170.73 (0.0000)	$I(1)$平稳	$YEAR_{it-1}\times\ln(KZ_{it-1})$	911.578 (0.0000)	$I(1)$平稳
$\ln(SIZE_{it-1})$	1059.47 (0.0000)	$I(1)$平稳	$YEAR_{it-1}\times\ln(KS_{it-1})$	885.689 (0.0000)	$I(1)$平稳
$YEAR_{it}$	32.4732 (0.0000)	$I(1)$平稳	$YEAR_{it-1}\times\ln(KM_{it-1})$	1028.27 (0.0000)	$I(1)$平稳

注：括号内数值为统计量对应的 P 值。

因为上述变量为同阶单整，本书分别对 5 个模型的被解释变量和解释变量进行协整检验，KAO 检验值分别为 -13.02374（模型一，对应 P 值 0.0000）、-14.14834（模型二，对应 P 值 0.0000）、-10.29727（模型三，对应 P 值 0.0000）、-11.62960（模型四，对应 P 值 0.0000）、-15.47108（模型五，对应 P 值 0.0000），说明 5 个模型的变量之间存在长期稳定的关系。

3. 模型效应选择

表 3-4 中各模型的 F 检验和豪斯曼（Hausman）检验统计量均在 1% 水平下显著，表明模型一、模型二、模型三、模型四、模型五的固定效应模型

优于混合回归模型和随机效应模型。因为本书样本数据时间跨度只有 5 年，时间变化影响小，同时考虑到每个企业个体特征的差异，可能存在不随时间而变化的遗漏变量，最后本书选择个体固定效应模型进行面板回归。

表 3 - 4　　　　　　　　　　　模型效应选择检验

模型一		模型二		模型三		模型四		模型五	
F 统计量	Hausman 检验	F 统计量	Hausman 检验	F 统计量	Hausman 检验	F 统计量	Hausman 检验	F 统计量	Hausman 检验
9.897 (0.000)	145.92 (0.000)	12.889 (0.000)	107.108 (0.000)	17.297 (0.000)	149.70 (0.000)	23.802 (0.000)	173.914 (0.000)	11.473 (0.000)	35.376 (0.000)
固定效应模型		固定效应模型		固定效应模型		固定效应模型		固定效应模型	

注：括号内数值为统计量对应的 P 值。

3.2.3　实证结果分析

1. 三种信贷资金对中小企业经营发展起正向促进作用

模型一反映了各种融资来源资金对中小企业经营发展所起的作用。从表 3 - 5 所示的各解释变量的影响系数可以看出，不管是内源资金还是外源资金、债权资金抑或股权资金都对中小企业经营发展产生正向影响，其中政策性银行、商业银行、民间信贷资金对中小企业发展贡献度大，融资服务效率为正。特别是政策性银行和民间信贷，虽然目前对中小企业提供的资金有限，但融资服务效率却高于商业性银行信贷资金，在中小企业发展中发挥着重要的作用。

表 3 - 5　　　　　模型一面板回归结果　（被解释变量为 $\ln y_{it}$）

C 常数项	$\ln(KN_{it-1})$	$\ln(KZ_{it-1})$	$\ln(KS_{it-1})$	$\ln(KM_{it-1})$	$\ln(KQ_{it-1})$
-6.1581*** (0.0000)	0.1071*** (0.0000)	0.2682*** (0.0000)	0.0051*** (0.0000)	0.2251*** (0.0000)	0.1171*** (0.0000)
$R^2 = 0.9690$			$F - \text{statistic} = 123.2896$（Prob 为 0.0000）		

注：括号内数值为统计量对应的 P 值，***、**、* 分别表示在 1%、5%、10% 水平下显著。

2. 三种信贷资金对中小企业融资服务效率存在规模、行业、生命周期的差异

（1）单个模型进行分析（结果如表 3 - 6 所示），可以得出以下结论：

第一，模型二主要反映相同数额的政策性贷款、商业性贷款、民间资金在不同规模企业中的服务效率。三个主要解释变量 $\ln(SIZE_{it-1})\times\ln(KZ_{it-1})$、$\ln(SIZE_{it-1})\times\ln(KS_{it-1})$、$\ln(SIZE_{it-1})\times\ln(KM_{it-1})$ 的系数为正且在 1% 的显著水平上显著，说明企业规模越大，三种资金的服务效率越高。而资金利用效率越高，信贷资金出现坏账的风险越小。所以，在实践中，出于风险考虑，无论是不以营利为目的的政策性资金还是以利润最大化为目标的商业性贷款资金和民间资金都有投向实力强、规模大企业的偏好，小微企业在中小企业融资服务体系中仍是被忽略的群体。

第二，模型三反映相同数额的政策性贷款、商业性贷款、民间资金对不同行业的企业的服务效率（本书在设定行业变量时，高新技术类企业为 2，非高新技术类企业为 1）。回归结果中变量 $IND\times\ln(KZ_{it-1})$、$IND\times\ln(KS_{it-1})$、$IND\times\ln(KM_{it-1})$ 的影响系数出现分化，政策性贷款对高新技术类企业发展产生正向影响，说明我国当前政策性银行对高新技术企业的资金倾斜政策产生了积极效应。但商业性银行贷款的结论则相反，解释变量 $IND\times\ln(KS_{it-1})$ 的系数为 -0.1595，说明其对普通工业制造企业的融资支持效率高于新技术企业，逐利性使它们不愿支持风险更大的高新技术企业。民间资金的行业服务效率则不显著，这与其缺乏规范管理，资金投向盲目性强有关。

第三，模型四反映的是相同数额的政策性贷款、商业性贷款、民间资金在不同生命周期企业中的服务效率。由于以"企业成立年限"作为"企业所处生命周期"的替代变量，从模型中相关变量的回归系数可以看出政策性银行贷款对成立年限较长企业的服务效率较高。我们在调研中发现，成立期限较长的企业能较清楚地认识到政策性银行贷款对企业发展的意义，在本书的调查问卷中有一个问题："企业了解政策性银行这一融资渠道吗？"回答"了解，会积极争取"的有 80% 是成立年限在 10 年以上的企业。为争取到政策性贷款，这些企业会努力使自身的发展特色迎合政策要求，而争取到的政策性贷款的低融资成本反过来又有效促进了企业的发展，从而形成良性循环。而 $YEAR_{it-1}\times\ln(KS_{it-1})$ 的系数为 -0.0269 在 1% 水平下显著，说明样本企业成立年限越长，商业性银行贷款在其发展中发挥的作用越低。从这个意义上说，商业性银行贷款若能多关注成立年限较短的新兴企业，融资服务效率会更好；民间信贷资金融资服务效率的生命周期特征不显著。

（2）将表 3 - 6 的结果进行横向比较发现：

第一，政策性银行资金的行业效率高于规模效率和生命周期效率，说明行业特征成为政策性银行选择服务对象的标准之一是合理的，在实践中政策性资金对符合国家产业政策方向的企业进行重点支持是理性的。

第二，商业性银行资金在规模较大的企业中利用效率较高，对普通工业企业的支持效应强。

第三，民间资金由于其分散性、过度趋利性和缺乏有效的规范，除具有规模效率外，资金投向的行业效率、生命周期效率都不明显。

表 3 - 6　　　　　模型二、模型三、模型四面板回归结果（被解释变量为 lny_{it}）

解释变量	模型二	解释变量	模型三	解释变量	模型四
常数项 C	-5.6779*** (0.000)	常数项 C	-5.2141*** (0.000)	常数项 C	-5.2581*** (0.000)
$\ln(SIZE_{it-1})\times\ln(KZ_{it-1})$	0.0489*** (0.000)	$IND\times\ln(KZ_{it-1})$	0.3111*** (0.000)	$YEAR_{it-1}\times\ln(KZ_{it-1})$	0.0379*** (0.000)
$\ln(SIZE_{it-1})\times\ln(KS_{it-1})$	0.0009*** (0.000)	$IND\times\ln(KS_{it-1})$	-0.1595*** (0.000)	$YEAR_{it-1}\times\ln(KS_{it-1})$	-0.0269*** (0.000)
$\ln(SIZE_{it-1})\times\ln(KM_{it-1})$	0.0296*** (0.000)	$IND\times\ln(KM_{it-1})$	-0.0172 (0.131)	$YEAR_{it-1}\times\ln(KM_{it-1})$	0.0022 (0.207)
$\ln(KZ_{it-1})$	0.0564*** (0.000)	$\ln(KZ_{it-1})$	0.1751*** (0.000)	$\ln(KZ_{it-1})$	0.2062*** (0.000)
$\ln(KQ_{it-1})$	0.0763*** (0.000)	$\ln(KQ_{it-1})$	0.1881*** (0.000)	$\ln(KQ_{it-1})$	0.2184*** (0.000)
R^2	0.7000	R^2	0.9624	R^2	0.9607
Prob(F - statistic)	0.0000	Prob(F - statistic)	0.0000	Prob(F - statistic)	0.0000

注：括号内数值为统计量对应的 P 值，***、**、*分别表示在1%、5%、10%水平下显著。

3. 政策性资金、商业性银行资金、民间信贷资金在中小企业融资服务体系中具有联动效应

从表 3 - 7 的各解释变量对被解释变量——企业商业银行贷款的年取得额的影响系数可以看出，解释变量 $\ln(KZ_{it-1})$ 的系数为 0.5700，说明政策性资金投向在一定程度上对商业性银行的贷款投向具有引导作用，企业获得政策性贷款越多，其商业性银行贷款的可得性就强一些。解释变量 $\ln(KM_{it-1})$ 的系数为 -0.1807，说明在中小企业融资服务体系中民间资金对商业性贷款具有补充作用，中小企业获得的商业性银行等正规金融资金难以满足其需要

时，就会转向民间金融筹措资金。在实践中，难以从商业性银行取得贷款的小微企业成为民间资金的主要服务对象。

表 3 –7　　　　　　模型五面板回归结果（被解释变量为 $\ln(KS_{it})$

C 常数项	$\ln(y_{it-1})$	$\ln(KZ_{it-1})$	$\ln(KM_{it-1})$	$\ln(SIZE_{it-1})$	IND	$YEAR_{it}$
3.1581	0.0622	0.5700 ***	−0.1807 ***	−0.0238	−0.0035	0.0084 **
(0.0000)	(0.4265)	(0.0000)	(0.0066)	(0.8441)	(0.9277)	(0.0153)
$R^2 = 0.8943$			$F-\text{statistic}=33.2356$（Prob 为 0.0000）			

注：括号内数值为统计量对应的 P 值，** 、*** 分别表示在 5%、1% 水平下显著。

3.3　结论与政策建议

从三种信贷资金对中小企业发展的影响即融资服务效率的实证结果可以看出，当前三种资金在我国中小企业融资服务体系中作用呈现以下特征：第一，资金是企业发展的基础，政策性银行资金和民间信贷资金对中小企业发展影响日益明显；第二，规模越大的企业信贷资金的利用率越高，资金供给者投资风险越小，使得三种资金投向具有规模企业偏好，而这与为小微企业提供融资支持的实践相矛盾；第三，三种信贷资金行业服务效率差异较明显，政策性金融资金对高新技术类企业的融资服务效率更高，商业性金融资金则相反，如何激发商业性金融机构服务于高新技术企业的积极性值得思考；第四，当前民间借贷资金融资服务对象定位不明确，影响了其为中小企业发展的服务效率，亟需政策的规范和引导；第五，中小企业融资服务体系中，政策性银行资金对商业性银行资金起诱导作用，民间资金对商业性银行资金起补充作用。

依据上述结论，本书认为提高三种信贷资金对中小企业的融资服务效率的关键在于合理界定其在中小企业融资服务体系中的服务功能和服务区间。为此，提出以下政策建议：

3.3.1　政策性银行要恪守"诱导"的功能定位

在中小企业融资服务体系中，政策性银行资金的诱导功能具有两方面的含义。一是介入的先导性，即政策性银行凭借着税收优惠、财政补贴等政策优势要优先介入商业银行不能或不愿介入的领域。就中小企业融资服务体系而言，主要是对符合国家产业政策的中小企业提供低息优惠贷款、对难以从商业银行取得贷款的小微企业予以支持、对中小企业融资担保机构提供支持资金或直接为中小企业商业性融资提供担保等。二是退出的及时性。政策性金融补充与辅助性、倡导与诱导性、虹吸与扩张性的功能要求其在先导介入某一开发项目并达到"诱导效应"后，要在适当时机主动退出这一项目领域（白钦先、王伟，2002）。因此，即使近年在政策性银行向开发性金融转化的背景下，在我国中小企业融资服务体系中政策性银行和商业性金融机构的业务范围仍要坚持泾渭分明，尊重市场、社会责任优先是政策性银行在确定融资服务对象和服务区间时要遵循的基本原则。从规模、行业、生命周期看，小微企业、处于发展初期的符合国家产业政策的企业是其服务重点。但随着企业的发展壮大，有了商业效益后，政策性银行要及时退出，转移投资方向，开始新一轮的"诱导"。

3.3.2　激励商业性金融机构承担起服务中小企业融资的主体责任

夸克和塔德瑟（Kwok and Tadesse，2006）发现，文化环境差异会影响一国金融体系中政府和市场的关系，风险厌恶程度高的国家更青睐以银行为主导的金融结构。所以在我国银行贷款历来是各类型企业最期盼的资金来源。但是趋利性使商业性金融机构不愿投资于规模小、风险大的新兴企业，这种金融资源供求矛盾及由此出现的信贷配给是市场失灵的一种表现，需要政府介入，通过政策激励使商业性金融机构承担起服务中小企业融资的主体责任。一是利用利率、再贴现、再贷款等政策工具，激励商业银行为中小企业提供更多的融资服务。例如，给予商业银行中小企业贷款利率更大的自由浮动幅度，对其在中小企业融资服务中承受的高成本和高风险给予一定的补偿；对商业银行的中小企业贷款实行与大型企业贷款一视同仁的管理政策；政府有关部门和商业银行合作搭建中小企业贷款担保平台，降低商业银行向处于成长期的新兴企业投资的风险。二是给中小银行更多的发展空间，打破大银行在银行业中的垄断地位。在我国，以城市商业银行、城市信用社、农村信用社为代表的地方性中小金融机构，凭借地缘、人缘的优势，优质、高效的服务和较低的管理运营成本，灵活多样的金融创新产品，与中小企业的运营特点和融资需求相适应，正逐渐成为中小企业融资服务体系的中坚力量。

3.3.3 发挥民间信贷在中小企业融资服务体系中对商业性金融机构贷款的补充作用

在私营经济发达的地区，如浙江的温州地区、福建的泉州地区等，中小企业民间借贷行为相当活跃。但是由于缺乏规范和引导，民间借贷资金对企业的融资服务效率不明显。因此，要提高民间资金对中小企业的融资服务效率，规范与引导是基础。一是法律规范。2014 年 3 月在温州市实施的《温州市民间融资管理条例》是我国首部规范民间融资的地方性法规。二是完善准入制度和借贷登记制度。2013 年福建晋江建立了民间借贷登记服务中心，规范民间借贷行为，已取得良好的效果。三是建立民间借贷融资的监管机构和监测制度，将政府监管和行业协会自律监督相结合，使民间信贷不再自由放任，减少因纠纷、利率等带来的不良影响。四是政策引导，尤其要加强产业引导，利用政策、舆论引导民间信贷资金选择符合国家产业政策、市场前景好、成长性好的投资领域，优化民间投资结构。同时建立市场化的民间资金退出机制，降低其投资新兴产业的风险。

第 4 章

中小企业融资信用担保模式
适用性分析

融资担保是世界各国为解决中小企业融资难题而采取的有效手段之一。我国的中小企业融资担保实践开始于 1992 年，经过近 30 年的发展，政策性、互助性和商业性担保机构三种担保模式并存，成为中小企业融资服务体系中不可缺失的组成部分。与此同时，三种担保模式服务于中小企业的有效性及担保模式的适用性问题成为研究热点。

早期学者们对此问题多从理论上进行探讨，如陈晓红（2005）提出我国中小企业融资担保体系应以互助性担保机构为主体，政策性担保机构与商业性担保机构为补充。郝蕾和郭曦（2005）通过构建模型得出在利率管制下的卖方垄断型信贷市场中，互助担保模式比政策性担保更能满足中小企业的融资需求。沈凯（2006）认为担保模式的选择具有阶段性，在中小企业融资担保体系发展初期应以政策性担保机构为主体，引导更多的市场主体加入。但是随着担保市场的成熟，商业性担保机构将取代政策性担保占据主导地位。巴劲松（2007）从为中小企业融资提供服务的程度、担保机构自身可持续性两个维度，对我国中小企业融资担保的三种模式进行比较，认为互助性担保模式应成为我国融资担保体系中的主导模式，同时兼顾政策性和商业性担保模式。李毅、向党（2008）认为，我国中小企业融资担保体系应以商业性担保机构为主，政策性担保只起到引导和补充的作用。杨中和（2008）借鉴国外融资担保发展经验提出，我国中西部地区适合实行"企业会员＋政府组建融资担保基金管理公司＋政府部门监督"的政策性担保模式。黄澜（2008）则认为我国三位一体的中小企业信用担保体系将转向实行市场化运作模式的单一的政策性担保机构，而商业性担保机构可转型为服务于中小企业的专业性金融机构。谢奉君、谭仕敏（2009）通过对中小企业融资担保中政府行为的研究界定了政策性担保的作用领域。

近年来，在中小企业融资担保实践中出现了商业性担保公司生存困难、主业虚置，互助性担保公司供给不足、风险加剧，市场背景下政策性担保公司职能定位模糊等问题，使得探究三种担保模式服务于中小企业融资的有效性的实证分析逐渐增多，研究者们多以效率为切入点比较三种融资担保模式为中小企业融资服务的有效性，以此为依据判断其在我国中小企业融资实践中的适用性。殷志军、朱发仓（2011）以浙江省部分中小企业信用担保机构为研究对象，分析了实收资本规模、人力资本、主营业务占比、合作银行家数、担保机构承担风险比例、担保对象中中小企业占比等指标对三类担保机构运行效率的影响方向和程度。结果表明，政策性、商业性、互助性三种类型的担保机构的运行效率有着显著差异。文学舟、梅强（2013）运用主成分分析法比较三种担保机构在营利能力、担保能力、综合经营绩效等方面的差异，得出政策性担保机构应在我国中小企业融资担保体系中发挥持续性主导作用，商业性和互助性担保机构作为补充的结论。黄庆安（2014）运用数据包络分析法（DEA）评价了福建省农村融资性担保机构的运行效率，得出互助性农村融资担保机构的平均效率均明显高于商业性和政策性的平均效率的结论。张夏青（2015）对三类担保公司运行效率与区域性特征的相关性进行了分析，提出了适合三类担保机构高效运行的区域环境。由于发达国家的中小企业融资担保以政策性担保模式为主，相关研究主要对政策性担保机构的运行效果进行评价。如欧和李等（I. Oh, J. D. Lee et al., 2009）通过比较享受政策性担保和没有享受政策性担保的企业在规模扩充、研发、投资及生存能力等方面的指标来评估政府信用担保政策的实施效果。

中小企业融资服务效率的高低是三种担保模式最适服务区间界定的依据，但已有研究以效率为视角对三种担保模式在实践中的作用进行评价，得出的结论却不同。这一方面与其引用的实证数据的地域性限制有关；另一方面也表明三种融资担保模式服务效率不仅存在模式差异也存在地区差异。地区差异的存在使得不同融资担保模式有效服务区间的界定变得复杂，需要深入研究。但囿于调研数据和计量分析设计的限制，针对融资担保机构的中小企业融资服务效率地区差异的研究很少。为此，本书拟从揭示三种中小企业融资担保机构服务效率模式差异和地区差异入手，找出影响模式差异和地区差异的因素，以此界定三种担保模式为中小企业融资服务的有效区间。

4.1　三种模式的担保机构为中小企业融资服务的机理特征

4.1.1　政策性担保机构

政策性担保机构是贯彻国家产业政策，为中小企业提供融资服务，扶持中小企业发展的担保机构，主要由政府出资，其担保资金和业务经费以地方政府预算拨款为主，其服务具有政策性导向，运作具有市场化、公司化管理特点。政策性担保机构是政府职能转变的产物，将政府角色从简单的"输血"向扶持与引导相关产业"造血"转变，政策性、普遍性、非营利性是其主要特点。政策性指政策性担保机构主要对符合国家产业政策要求的中小企业，如高新技术企业、节能环保企业、吸收残疾人就业的企业等提供担保，起到引导社会资金流向的作用，以实现国家资金和社会资源有效配置的目的。普遍性指政策性担保机构在运作中的公平性，凡符合国家产业政策及相关规定的中小企业都一视同仁。非营利性使政策性担保机构不同于一般经济组织，其崇尚服务意识。然而由于是政府行为，存在浓厚的行政色彩，往往出现办事效率不高、为规避风险导致中心业务偏离、过度依赖政府资金等问题。

4.1.2　商业性担保机构

商业性担保机构是以民间出资为主，实行市场化运作的担保企业。商业性担保机构具有商业性、业务多元化、营利性的特征。商业性指以市场需求为导向，担保对象选择、担保业务操作、担保风险控制等均为市场化运作。多元性体现在商业性担保机构的经营多元化和业务范围扩展方面。担保品种除了为中小企业提供担保外，也包括为个人、房产交易、公司上市和工程履约等提供担保，业务范围拓展至典当、咨询服务、融资顾问等非融资性担保业务。营利性动机驱使商业性担保机构以利润最大化为目的，以商业原则作为运作准则。

由于商业性担保机构市场化程度高，且自负盈亏、自担风险，其担保业务流程相对科学高效，权责利考核机制较严格，风险控制机制灵活，使"指令担保""人情担保"等情况大大减少。然而，资本金有限、资金补充机制不完善是商业性担保机构的软肋。此外，由于风险分担不合理，商业性担保机构在银担合作中处于弱势，银行贷款风险被大量转嫁给商业性担保机构。同时，过度的市场化使融资企业不可避免地存在"短视行为"，导致担保机构信用风险加剧，制约了其发展。

4.1.3 互助性担保机构

互助性担保机构是由中小企业自发组建的信用互助担保组织，一般规模不大。互助性担保机构以会员出资为主，服务对象仅限于会员，不以营利为目的。互助性担保机构具有互助性、业务单一性和非营利性等特点。互助性是指其担保业务是一种会员企业之间的互保业务，这也决定了这种担保模式业务的单一性和非营利性，其业务范围只限于对会员企业提供担保，一般不对外开展业务。互助性担保机构主要优势有：一是会员企业一般同属于一个地域，"根植性"加大了融资企业的违约成本，降低了担保机构的风险；二是信息相对对称，企业之间经营及信用状况透明度较高，可降低担保机构的评估成本；三是交易成本低，随着银企间信息对称度的提高，银行贷款风险降低，银行要求的风险利率和贷款利率也就随之降低，担保倍数放大，担保交易成本下降。

4.2 三种模式担保机构为中小企业融资服务效率考察

4.2.1 数据来源与指标确定

为了解三种类型的融资担保机构为中小企业融资服务的状况，2015 年 3 月至 2015 年 8 月间，我们先后在四川成都，福建福州、厦门、宁德、泉州、漳州、莆田、龙岩，山东青岛，浙江杭州、宁波、温州，河北石家庄，贵州贵阳，辽宁大连等地进行调研，选取开业备案证和营运备案证齐全且在 2014 年尚从事中小企业融资担保业务的担保公司（机构），发放调查问卷（见表 4-1）。调查问卷由四个部分组成：第一部分为担保机构基本信息，如成立时间、所处位置、注册资本、主要资金来源、员工人数及文化程度等；第二部分为担保机构融资担保业务的开展情况，如截至 2014 年底中小企业在保资金余额、最大协议担保放大倍数、2014 年中小企业担保贷款额、担保企业数、保费收入、担保费收入占总收入比重、平均代偿损失率、合作银行数、2013 年享受政府风险补偿情况和免税情况等；第三部分为担保机构 2014 年主要财务数据，如经营费用、利润等；第四部分为担保机构的诉求与建议。

共发放问卷 400 份，收回 275 分，剔除 2014 年中小企业融资担保保费收入占总收入 40% 以下的商业性融资担保机构及数据缺失和异常的公司，最后确定样本为 204 家担保机构。按照资金主要来源、市场定位的不同将其分为商业性担保公司（123 家）、政策性担保公司（54 家）、互助性担保公司（27 家）。最早成立时间为 1999 年，最晚成立时间为 2012 年。

表 4 –1   被调查企业分布情况

项目	四川	福建	山东	浙江	河北	贵州	辽宁
问卷发放数	60	80	50	60	50	50	50
回收有效问卷数	30	41	26	35	23	20	29
三种模式担保机构数	商业性 19 家，政策性 10 家，互助性 1 家	商业性 24 家，政策性 9 家，互助性 8 家	商业性 13 家，政策性 6 家，互助性 7 家	商业性 20 家，政策性 9 家，互助性 6 家	商业性 15 家，政策性 5 家，互助性 3 家	商业性 13 家，政策性 5 家，互助性 2 家	商业性 19 家，政策性 10 家
被调查担保机构分布的地区	成都	福州、厦门、宁德、泉州、漳州、莆田、龙岩	青岛	杭州、宁波、温州	石家庄	贵阳	大连

4.2.2 研究方法

数据包络分析法（DEA）是常用于比较同类型多投入、多产出决策单元的相对效率的工具，它无需设定生产函数的具体形式，可以避免生产函数形式的误设。本书选用数据包络分析来测算调研地区的融资担保机构为中小企业服务的效率，并比较地区间的效率差异情况。

　　融资担保机构效率可从经营效率和社会服务效率两个方面来衡量。融资担保经营效率是指担保机构的经营收益与其运行成本之比，表示融资担保机构自身的经营状况。社会服务效率指担保机构的经营活动对缓解中小企业融资困难所发挥的作用，服务的中小企业数、保费收入、为中小企业提供的担保贷款额是本书选取的三个衡量指标。本书考察的是融资担保机构的社会服务效率。由于担保机构成立的年限不一，用融资性担保责任余额、融资性保费收入作为产出指标不具有可比性，所以本书选择被调查企业 2014 年为中小企业提供的担保贷款额、所服务的中小企业数、保费收入占营业收入的比重作为产出指标，将 2014 年初注册资本、在职员工数和 2014 年经营费用作为投入指标，测算 204 家担保机构为中小企业融资服务相对效率，并做以下处理：（1）将样本按地区分组，求出不同地区担保机构为中小企业融资服务效率的平均值，比较地区差异；（2）将同一地区样本按政策性、商业性、互助性进行分类，求出不同担保模式的平均效率值，比较同一模式担保机构中小企业融资服务效率的地区差异和同一地区不同模式担保机构的融资服务效率差异。结果见表 4－2。

表4－2　　　　三种担保模式的中小企业融资担保服务效率地区差异（分省份）

模式	全部样本	福建	贵州	河北	辽宁	山东	四川	浙江
所有机构平均效率值	0.4450	0.4685	0.3936	0.4317	0.3977	0.4399	0.3960	0.5435
政策性担保平均效率值	0.5550	0.6611	0.4702	0.5996	0.4743	0.4630	0.5151	0.6668
商业性担保平均效率值	0.3557	0.2968	0.3608	0.3667	0.3573	0.2833	0.3160	0.4446
互助性担保平均效率值	0.6356	0.6541	0.415	0.4886	－*	0.7111	0.525	0.688

＊辽宁地区互助性担保机构样本数为0。

4.2.3　实证结果

1. 中小企业融资担保机构的中小企业融资服务效率普遍不高

DEA 分析得出的效率值介于 0～1 之间，越接近 1 说明效率越高。

表 4-2 的结果显示，204 家样本机构为中小企业融资服务效率的平均值为
0.4450，说明当前我国各类融资担保机构为中小企业提供的融资服务效率不
高。同时，表 4-2 也显示各地区担保机构融资服务效率差异不大，本书样
本涉及的 7 个地区中，最高是浙江省，最低是贵州省，除浙江省中小企业融
资担保机构融资服务效率为 0.5435 外，其余地区担保机构融资服务效率值
在 0.39~0.46 之间，差异较小。这表明融资担保机构在为中小企业融资服
务中遇到的担保放大倍数低、风险承担比例不合理等各种问题具有地区普遍
性，导致其在中小企业融资服务体系中发挥的作用不大。

2. 融资担保机构的中小企业融资服务效率存在模式差异

不同模式的融资担保机构为中小企业融资服务效率存在差异，表 4-2
的分析结果显示，互助性担保机构为中小企业融资服务的效率最高，为
0.6356；政策性担保机构次之，为 0.5550；商业性担保机构最低，为
0.3557。这与三种模式的担保机构为中小企业融资服务的积极性和风险控制
的完善程度有关。在本书中，选取担保收入占主营业务收入的比重作为产出
指标之一来表示担保机构为中小企业融资服务的积极性，互助性与政策性担
保机构以为中小企业融资担保作为主营业务，担保收入占比较高。而出于经
营利益考虑，一部分商业性担保机构不愿为中小企业提供融资服务，偏离主
营业务，进入其他资金运作领域，热衷于大型的、高风险、高营利的项目投
资，其为中小企业融资服务的效率自然较低。互助性担保凭借成员企业之间
的互助性、高效率的内部监督机制和通畅的信息传送机制使其在成员遵守诚
信法则的前提下有较高的风险控制度，代偿率低，针对性强，在中小企业集
聚度较高的地区融资服务效果更好。

3. 不同模式的融资担保机构为中小企业融资服务效率的地区差异较明显

从地区看，三种模式担保机构在不同地区的中小企业融资服务体系中所
起的作用呈现出明显差异（见表 4-3）。在浙江、福建、山东、四川的互助
性担保机构融资服务效率高于政策性和商业性担保机构；贵州、河北、辽宁
的政策性担保机构融资服务效率高于其他模式的融资担保机构。探究不同模
式担保机构融资服务效率地区差异的影响因素，对于其服务区间的界定和地
区主导担保模式的选择具有参考价值。

表 4 - 3   三种模式担保机构融资服务效率的地区差异（分城市）

省份	城市	政策性担保平均效率值	商业性担保平均效率值	互助性担保平均效率值
福建	福州	0.9980	0.3281	0.8650
	厦门	0.3975	0.3554	0.8020
	宁德	0.4011	0.3690	0.3535
	泉州	0.6410	0.3157	0.6020
	漳州	0.4600	0.2550	—
	莆田	0.9100	0.3225	0.4550
	龙岩	0.7147	0.5330	0.9330
贵州	贵阳	0.4702	0.3608	0.4150
河北	石家庄	0.5996	0.3667	0.4886
辽宁	大连	0.4743	0.3573	—
山东	青岛	0.4630	0.2833	0.7111
四川	成都	0.5151	0.3160	0.5250
浙江	杭州	0.5455	0.3956	0.6983
	宁波	0.6543	0.5777	0.7100
	温州	0.9280	0.4300	0.6130

注：漳州、大连的被调查单位中互助性融资担保机构为0。

4.3   三种模式担保机构融资服务效率模式差异和地区差异的影响因素分析

4.3.1   融资担保机构的中小企业融资服务效率模式差异的主要影响因素

已有的研究成果已指出担保机构自身的特征影响着中小企业的融资服务效率，本书以样本担保机构的中小企业融资服务效率为被解释变量，选择担保机构本科学历以上的员工占比、成立年限、平均代偿损失率、与担保机构合作的银行家数、与银行协议担保放大倍数、担保机构 2014 年享受政府补助的情况、担保机构的模式为解释变量，验证其对中小企业融资服务效率的可能影响。因为被解释变量的取值范围在 0~1 之间，这里利用 Tobit 模型建立回归分析模型进行分析。

$$y_i = \phi_0 + \phi_1 res_i + \phi_2 risk_i + \phi_3 b \sup_i + \phi_4 bacp_i + \phi_5 g \sup_i$$
$$+ \phi_6 year_i + \phi_7 \mod_i + \mu_i \qquad (4.1)$$

在（4.1）式中，i 表示不同的担保机构，ϕ_0 为常数项，$\phi_1 \sim \phi_7$ 为各自变量的回归系数。y_i 为样本担保机构为中小企业融资服务的效率，res、$risk$、$bsup$、$bacp$、$gsup$、$year$、mod 分别表示担保机构人力资源素质、平均代偿损失率、与银行协议担保放大倍数、与担保机构合作的银行家数、享受政府补助的情况、担保机构成立年限、担保机构的模式，各指标取值情况见表 4 - 4。

表 4 - 4　　　　　　　　　　各变量定义及主要统计量特征

变量	变量定义	平均值	标准差
res	本科学历以上的员工占比	0.6445	0.4273
risk	平均代偿损失率	0.0074	0.0699
bsup	协议放大倍数	5.2892	2.0677
bacp	合作银行数	13.2990	4.1313
gsup	2014 年是否享受政府风险补偿，是为 1，否为 0	—	—
year	从成立到 2014 年底的年限	7.2794	3.3668
mod	担保模式（非营利的政策性担保和互助性担保为 1，营利性的商业性担保为 0）	—	—

Tobit 模型分析结果（见表 4 - 5）显示：第一，银行等金融机构的支持度和认可度（协议放大倍数、合作银行数）对担保机构的中小企业融资服务效率的影响程度在 1% 水平下显著，说明担保机构与银行的关系是决定中小企业融资担保机构发挥效用的重要因素。担保机构作为银行与企业融资的桥梁，银保关系不协调恰是当前制约中小企业融资担保机构发展的"瓶颈"。第二，担保模式因素也在 1% 水平下显著，说明担保机构为中小企业融资的服务效率受其担保模式影响。不同模式担保机构的融资服务效率及影响因素的差异在下一部分探究。第三，政府政策的受益程度，如是否享受政府的财政补贴，是否享受营业税的优惠等，在一定程度上补偿了担保机构为中小企业提供融资服务的正外部效应，其对担保机构的中小企业融资服务效率起到正向的影响效应。第四，担保机构成立的年限对担保机构的融资服务效率亦存在一定影响，但在调研中我们发现这种影响没有规律性，不同模式的担保机构差别很大。例如，对于政策性担保机构，一般来说，成立时间越

早、相对竞争力越大；而对商业性担保机构而言，早成立的部分公司由于种种原因，中小企业融资担保业务已不再是其主营业务，成立时间越早，为中小企业融资服务效率反而越低。

表 4 - 5   各因素对不同模式担保机构的中小企业融资服务效率影响程度

	C（常数项）	res	risk	bsup	bacp	gsup	year	mod
影响系数	0.0881*	-0.0356	-0.1148	0.0354***	0.0112***	0.0606**	-0.0054*	0.1023***
Prob	0.0695	0.1640	0.4589	0.0000	0.0016	0.0251	0.0949	0.0001

注：***、**、*分别表示在1%、5%和10%水平下显著。

按主要资金来源和市场定位的不同进一步将担保机构分为政策性、商业性、互助性三种模式，分别建立 Tobit 回归分析模型，比较不同模式下各因素对担保机构中小企业融资服务效率影响程度。

$$y_i = \phi_0 + \phi_1 res_i + \phi_2 risk_i + \phi_3 b\sup_i + \phi_4 bacp_i + \phi_5 g\sup_i + \phi_6 year_i + \mu_i$$

(4.2)

被解释变量 y_i 分别指政策性、商业性、互助性三种模式下各样本担保机构为中小企业融资服务效率，以 res、risk、bsup、bacp、gsup、year 为解释变量，运用 eviews7.0 计算出各解释变量对被解释变量的影响程度，结果显示（见表 4 - 6）：

（1）从各担保模式看，影响中小企业融资服务效率的因素存在较大区别。第一，对政策性担保机构而言，政策受益度高、与银行有着良好合作关系是影响其为中小企业融资服务效率的主要因素，这与实践中政策性担保机构基本都能享受到政府的风险补贴和税收优惠相符，政策性担保机构能从银行取得比其他模式的担保机构高些的协议担保倍数。第二，对商业性担保机构而言，与银行的关系是影响其为中小企业融资服务效率的关键因素。商业性融资担保机构在与银行的博弈中处于弱势地位是不争的事实，其为中小企业提供融资服务的效益和效率受到了较大影响。第三，对互助性担保机构而言，与银行合作情况同样也是影响其为中小企业融资服务效率的重要因素。分析结果还显示，当前人力资源素质对互助性担保机构的融资服务效率的影响是负向的，互助性担保机构的非营利性且又缺乏充分的政府补偿的现状使其难以承担较高素质的人力资源支出，影响其为中小企业融资服务的效率。在调研样本中，互助性担保机构中本科以上人员占总职工的比重仅为54%，低于商业性担保机构这一比重（68%）和政策性担保机构（61%）。

（2）从横向比较看，实证结果呈现以下特点：一是人力资源素质和风险控制能力对担保机构的中小企业融资服务效率影响不显著。事实上，担保业作为高风险且与金融相关的行业，对人员素质有较高的要求，除了金融、法律等方面的专业知识外，还要有较高的风险识别能力。但是由于我国担保业起步较晚，行业发展水平低，人员准入门槛低且收入不高，致使担保公司缺乏优秀的管理和专业人才，担保公司的业务规范水平及风险控制能力不高。随着近年来担保行业的整合及代偿率的上升，对人力资源素质和风险控制的忽视将会制约中小企业融资担保机构为中小企业服务的效益和效率。二是不同模式的担保机构为中小企业融资的服务效率均受银行合作关系因素的影响。协议担保倍数、合作银行的数目对商业性担保机构的中小企业融资服务效率影响最直接。三是政策扶持对政策性担保机构的中小企业融资服务效率有正向影响，但是政府扶持政策对提高商业性和互助性担保机构为中小企业融资服务效率的影响不显著。

表4-6　　影响三种模式的担保机构对中小企业融资服务效率的主要因素比较

解释变量 / 被解释变量	y_i 政策性担保机构	解释变量 / 被解释变量	y_i 商业性担保机构	解释变量 / 被解释变量	y_i 互助性担保机构
常数项 C	0.2555 (0.1582)	常数项 C	−0.0868 (0.1034)	常数项 C	0.7205 ** (0.0114)
res	−0.3085 (0.1890)	res	−0.0146 (0.4129)	res	−0.8344 ** (0.0162)
$risk$	1.5970 (0.8197)	$risk$	−0.0898 (0.4017)	$risk$	1.3131 (0.5004)
$bsup$	0.0547 *** (0.000)	$bsup$	0.0490 *** (0.0000)	$bsup$	−0.0196 (0.6436)
$bacp$	−0.0008 (0.8932)	$bacp$	0.0164 *** (0.0000)	$bacp$	0.0299 *** (0.0047)
$gsup$	0.1670 * (0.0682)	$gsup$	0.0354 (0.1285)	$gsup$	−0.0145 (0.8627)
$year$	−0.0047 (0.4977)	$year$	0.0019 (0.5270)	$year$	0.0062 (0.6312)

注：括号内数值为统计量对应的 P 值，*** 、** 、* 分别表示在1%、5%和10%水平下显著。

4.3.2 融资担保机构的中小企业融资服务效率地区差异的主要影响因素

1. 模型设计

由于发展环境的不同，经济发达地区与经济不发达地区的担保业在发展中必然呈现出一定程度的差异（王水雄，2014）。说明担保机构为中小企业融资服务的效率除了与自身的主观因素，如与银行合作情况、风险的控制能力、经营管理能力等相关外，也与其所面临的地区宏观环境等客观因素相关，如地区经济发展状况、产业集聚程度、企业信用体系发育程度、政府的支持程度、中小企业资金需求程度、商业银行的发达程度、地理位置等，本书认为后者是造成不同模式担保机构融资服务效率出现地区差异的主要原因。地区经济发展状况好坏、地区对企业信用体系建设的重视程度、地区企业资金需求与商业银行资金供给的匹配度等是影响商业性融资担保机构为中小企业服务积极性的主要因素；而产业的集聚程度是决定互助性担保机构在一个地区活跃与否的基本条件；政府的支持和政策的激励程度则是三种模式的融资担保机构为中小企业服务的助推器。

为验证上述宏观因素的影响，以表4-3中15个城市样本担保机构的中小企业融资服务平均效率值为被解释变量（在分析时剔除缺失数据的地区），以宏观因素为解释变量建立计量模型，分析造成各种模式担保机构的中小企业融资服务效率地区差异的主要因素。因为被解释变量的取值范围在0~1之间，这里选用受限因变量（Tobit）模型作为回归分析工具。

$$y_i = \beta_0 + \beta_1 GDP_i + \beta_2 IND_i + \beta_3 CRE_i + \beta_4 GOV_i + \beta_5 CAP_i$$
$$+ B_6 BANK_i + \beta_7 LOCATE_i + \delta_i \tag{4.3}$$

在（4.3）式中，i表示不同的地区；β_0为常数项，$\beta_0 \sim \beta_7$为各自变量的回归系数。y_i分别指政策性、商业性、互助性三种模式下各城市担保机构样本为中小企业融资服务效率的平均值，GDP指地区的经济发展状况，用各地的GDP值（取对数）来表示。IND指地区的产业集聚程度，在已有的研究中地区产业集聚程度常用一个地区的企业数、第二产业从业人数、就业密度等来衡量，本书选用各地区年底第二产业从业人数（取对数）来表示。CRE指地区企业信用体系的发达程度，用一个地区商业银行的不良贷款率来近似代替。*GOV* 指政府对本地区融资担保机构的支持程度，用本地区融资担保机构获得国家、省、市政府的年风险补助总额（取对数）表示。*CAP* 指一个地区中小企业对银行信贷资金的需求程度，地区银行性金融机构本外币存贷比表示在一定时期内资金流入还是流出本地区，可以近似反映该地区中小企业发展对资金的实际需求。*BANK* 指一个地区银行性金融机构的发达程度，用年底该地区银行类金融机构数表示。*LOCATE* 指地区所处地理位置，用 1 表示东部地区，2 表示中西部地区。

由于宏观因素的影响具有一定滞后性，对于上述各解释变量，本书选用 2013 年或 2013 年底的数据。相关数据来源于各地 2014 年发布的《2013 年国民经济与社会发展统计公报》、中银协发布的《2014 年度中国银行业服务改进情况报告》，不良贷款率来自于各地银监会 2013 年年报及银监会发布的 2014 年监管统计数据。

2. 实证结果分析

在进行多元回归分析之前，首先对各个变量进行相关性检验，Pearson 检验结果显示：除了个别变量间相关性系数大于 0.5 外，其他都低于 0.5，相关性低，说明上述变量适合进行多元回归分析。接着，以上述 7 个影响因素为解释变量对不同地区担保机构为中小企业融资服务的平均效率按三种模式分别进行 Tobit 回归，分析结果见表 4 - 7。

表 4 - 7　　　政策性、商业性、互助性担保机构融资服务效率宏观影响因素 Tobit 回归结果

解释变量 ＼ 被解释变量	y_i 政策性担保机构融资服务效率	解释变量 ＼ 被解释变量	y_i 商业性担保机构融资服务效率	解释变量 ＼ 被解释变量	y_i 互助性担保机构融资服务效率
常数项 C	-6.118 *** (0.0000)	常数项 C	0.5356 (0.3697)	常数项 C	-2.5633 *** (0.0002)
μ_i	-0.1504 *** (0.0036)	GDP	-0.0375 (0.3972)	GDP	0.0028 (0.9559)
IND	0.1221 *** (0.0060)	IND	0.0137 (0.7197)	IND	0.2138 *** (0.000)
CRE	-0.5827 *** (0.000)	CRE	0.2804 *** (0.0070)	CRE	-0.2010 * (0.0923)

续表

被解释变量 \ 解释变量	y_i 政策性担保机构融资服务效率	被解释变量 \ 解释变量	y_i 商业性担保机构融资服务效率	被解释变量 \ 解释变量	y_i 互助性担保机构融资服务效率
GOV	0.8970 *** (0.000)	GOV	−0.0138 (0.8571)	GOV	0.0350 (0.6909)
CAP	−0.4398 ** (0.000)	CAP	0.0313 (0.6813)	CAP	−0.1685 * (0.0546)
BANK	0.0066 ** (0.0180)	BANK	−0.0017 (0.4802)	BANK	0.0016 (0.5616)
LOCATE	0.0955 0.1951	LOCATE	−0.1422 ** (0.0247)	LOCATE	0.1420 * (0.0508)

注：括号内数值为统计量对应的 P 值，*** 、** 、* 分别表示在1%、5%和10%水平下显著。

（1）宏观因素对三种模式担保机构的中小企业融资服务效率的影响存在差异。在设定的影响担保机构中小企业融资服务效率的七个宏观因素中，有六个因素（地区经济发展状况、产业集聚程度、地区企业信用情况、政府的支持程度、中小企业资金需求程度、商业银行的发达程度）对政策性融资担保机构的中小企业融资服务效率有较为显著的影响；而只有两个因素（地区企业信用情况和地理位置）对商业性担保机构的中小企业融资服务效率影响显著；有三个因素（产业集聚程度、地区企业信用状况、中小企业资金需求程度）对互助性融资担保机构的中小企业融资服务效率影响显著。

（2）各因素对三种模式担保机构的中小企业融资服务效率影响程度不一样。

第一，地区企业的信用状况（CRE）对三种模式担保机构的融资服务效率均有显著影响，但影响的方向却不一样。其对商业性担保机构的中小企业融资服务效率的影响是正向的，对政策性和互助性担保机构的影响是负向的。主要是因为政策性、互助性担保机构的非营利性和商业性担保机构的营利性属性使其对作为服务对象的企业的选择不同。商业性担保机构愿意向信用状况好的地区的中小企业提供融资担保服务，而在企业信用状况不好的地区政策性和互助性担保机构是提供中小企业融资担保服务的主力。

第二，产业的集聚状况（IND）对政策性和互助性担保的融资服务效率影响显著。特别是互助性融资担保机构在企业产业集聚度较高的地区对中小企业融资服务效率也较高。我们在调研中发现,杭州、泉州等产业集聚度较高的地区,互助性担保机构活跃,尽管存在这样那样的缺陷,仍在中小企业融资服务中发挥着积极作用。在本书的调研样本中,商业性担保机构的中小企业融资担保业务平均占比不到50%,产业集聚与否对其影响不显著。

第三,政府对融资担保机构的支持度(GOV)对政策性担保机构的融资服务效率有正向影响。在实践中,相关政策对担保机构享受国家补助的条件没有统一的标准,条件的模糊导致政策性担保机构从事的担保业务一般能得到政府补贴,享受政府的风险补助金,且其与银行的风险承担比例也在近年开始尝试低于100%。充裕的补助和风险承担能力的增强使其愿意为中小企业提供融资服务。而规模小的商业性担保机构得到政府补助的机会则要少得多,为在竞争中生存,纷纷减少风险较高的中小企业融资担保业务的供给,从而无法发挥对中小企业融资的促进作用。不仅是补助政策,税收优惠政策也存在缺陷。如现行担保机构免税政策的享受条件中有一条是要求"担保公司不以赢利为目的",而商业性担保公司的经营均以赢利为目的,该项政策在制定时就带有歧视色彩。因此政府的政策支持对政策性担保机构的融资服务效率有正向影响。政策环境对商业性担保机构容纳度越高的地区,商业性担保机构服务中小企业的效率越高。

第四,企业对资金的需求程度(CAP)对政策性担保机构和互助性担保机构的融资服务效率具有较显著的反向影响。在企业资金需求量小时,出于成本的考虑倾向于选择担保费率较低的政策性或互助性担保机构;但当企业资金需求量大,企业只好转向担保费率较高、抵押条件等较为苛刻的商业性担保机构。从而在实证分析结果中呈现出中小企业资金需求越旺盛,政策性和互助性担保机构融资服务效率越低的状况。在一定程度上也反映了政策性和互助性担保机构比商业性担保机构虽然更受中小企业的青睐,但不能满足中小企业的需求的现状。

第五,地区的经济发展情况(GDP)和银行的发达情况($BANK$)对政策性担保机构的融资服务效率有一定的正向影响,对商业性和互助性担保机构的融资服务效率影响不显著。

第六,商业性担保机构的地理位置($LOCATE$)系数(-0.1422)显示其在东部地区的融资服务效率较显著,而互助性担保机构地理位置($LOCATE$)的系数（0.1420）显示其在西部地区融资服务效率更高，但是我国目前互助性担保机构更愿意聚集在东部地区与商业性担保机构竞争。

4.4 三种模式担保机构为中小企业融资服务有效区间的理性思考

三种模式担保机构融资服务效率的差异实质上反映了政府、市场、社会在中小企业融资服务体系中作用区间的差异，担保机构融资服务效率地区差异影响因素的分析为界定不同模式的中小企业融资担保机构的有效服务区间提供了依据。

4.4.1 三种担保模式并存是符合我国国情的现实选择

三种融资担保模式融资服务效率的地区差异说明，断然认定我国的融资担保应以何种模式为主是不符合我国当前国情的。如表4-8所示，在不同的地区环境下，不同模式的融资担保机构的融资服务效率是不同的，三种担保机构都有自己发挥作用的区间。在经济发展水平低、中小企业对银行信贷资金需求度低的地区，政策性担保机构在中小企业融资服务中发挥的效用较大；发展互助性担保机构是产业集聚度较高地区的理想选择；商业性担保机构在企业信用发达地区也是中小企业获得融资的支持机构。因此分清三种模式的担保机构在中小企业融资服务体系中的地位是提高效率的前提。

表4-8　　融资服务效率视角下地区融资担保主体模式选择的影响条件

担保主体	地区经济发展水平	地区产业集聚程度	地区企业信用发达程度	政府对本地区融资担保机构的支持程度	中小企业对银行信贷资金的需求程度	地区银行性金融机构的发达程度
政策性担保机构	√（负向）	√（正向）	√（正向）	√（正向）	√（负向）	√（正向）
商业性担保机构	—	—	√（正向）	—	—	—
互助性担保机构	—	√（正向）	√（正向）	—	√（负向）	√（正向）

注："—"表示无影响，"√"表示有影响。

4.4.2　政策性担保机构是当前为中小企业提供融资担保服务的主体

从各类担保机构的中小企业融资服务效率的地区比较看，政策性担保机构仍是我国中小企业融资担保服务的主体。特别在经济不发达地区，近年来的经济下行期，其融资服务效率高于其他两类担保机构。从实证结果看，政策性担保机构有效作用区间具有区域性和阶段性，在经济不发达、企业信用体系不发达、担保业发展尚处于初期的地区，政府直接成立政策性担保机构为中小企业融资服务正向效应显著。但政策性中小企业融资担保机构并不是越多越好，也不应一直成为中小企业融资担保的主体，否则会对社会资本产生挤出效应。随着地区民间资本投资意愿增强，中小企业融资信用担保业进入成长时期，中小企业对信用担保市场需求量增大时，政府在中小企业融资担保体系中的作用由直接组建政策性担保机构转为间接引导。例如，加大对中小企业融资担保机构担保风险的补偿及建立担保风险代偿损失补贴机制；对符合条件的民营融资担保机构给予和政策性担保机构同样的税收优惠等；优化政府部门对担保机构的服务，提高担保机构资源的使用效率；搭建平台，为银保合作牵线搭桥，在建设地方中小银行时允许民营担保机构参股，使担保机构与银行信贷结合，降低银保合作的风险等。总之，政策支持重点明确、支持方式合理是政策性担保机构在中小企业融资担保体系中发挥主导作用应遵循的原则。

4.4.3　对互助性担保机构应坚持扶持与风险管控并重

在中小企业集群发展较快地区出现的互助性担保机构是发挥社会力量解决中小企业融资难问题的一种有益的实践。但是当前互助性担保机构在发展过程中面临着一些"两难"抉择。一是会员规模大小的"两难"。起初，互助性担保对会员资格审查严格，会员多为一定区域的某个行业内较为优秀的企业，新兴企业则被排除在外。由于会员数量有限，注册资本金（担保基金）小，担保放大倍数低，担保能力有限。后来为适应市场发展的需要，互助性担保机构开始放宽入会资格审查，有些企业甚至通过赞助商会获得职务，成为会员。会员数量在扩大，互助性担保的影响力在增加，贷款门槛在降低，但风险在集聚。二是风险控制中的"两难"。互助性担保的特点是集群内企业间互保，在信息成本、监督成本和交易成本上有独特的优势，能有效控制个体信用风险。但与此同时又在加剧集体风险，当某一环节出现问题时，这种关联企业间的互保将使金融风险在行业间快速传导，极易陷入集体崩盘的恶性循环。本次调研地区之一的宁德市曾是全国互助性担保发展较早较好的地区，2015 年发生了密集的金融借贷纠纷案，大量担保公司被卷入就是互助性担保存在高风险的一个真实写照。因此本书认为互助性担保机构目前尚无法取代政策性担保，它的健康发展需要政府的扶持和风险管控的创新。

互助性担保机构担保能力的扩大和风险的降低需要政府的扶持，在产业集群发达的地区，政府对政策性担保机构的扶持资源可以适当地向互助性担保机构转移。一是针对当前互助性担保机构注册资本普遍偏低，银行认同度低，放大倍数低的问题，政府可以动用财政资金注资互助性担保机构，增加互助性担保机构的资本实力，提高资信等级，增加银行的认同度，以获得更大担保贷款放大倍数，提高为集群内企业贷款担保的能力。二是政府通过政策引导和组织协调，在集群企业内部形成多层次的互助担保体系，也就是说在现有的互助担保机构的基础上建立同一区域集群跨行业或同一行业跨区域集群的第二层次的再担保机构，以增强互助担保机构的抗风险能力。三是促进互助性担保与商业性担保的整合。互助性担保与商业性担保机构作为市场性质的担保机构的两大主体，整合后彼此取长补短，获得为中小企业融资服务的最优值。

4.4.4 正确评估商业性担保机构在中小企业融资服务体系中的作用

近几年来我国商业性担保公司蜂拥而起，良莠不齐，虚假出资、挪用资金、空转运营、非法吸收存款高息放贷等使得商业性担保机构在中小企业融资中的作用微乎其微。究其原因，主要有以下几点：一是商业性担保机构在与银行的合作中处于弱势地位，表现为商业性担保机构的担保放大倍数低，且承担的还款风险比例几乎为100%。二是由于中小企业融资担保的公共物品性质，商业性担保机构的融资担保费率无法真正做到由市场定价，因此中小企业支付的融资担保费用不可能成为商业性融资担保机构的主要资金来源，中小企业融资担保仅是商业性担保公司的一项非主营业务而已。本书的调研结果显示，商业性担保机构保费收入最多仅占公司总收入的50%。三是新近出现的股份制商业银行更愿意为中小企业提供直接融资服务，放宽对中小企业贷款的审查条件，吸引了部分商业性融资担保机构的优质客户绕开担保机构直接与银行对话，形成了商业融资担保与商业银行的边缘信贷市场的竞争性替代关系，因此银行信贷领域的积极扩展将压缩专业担保的消极作业空间（彭江波，2008）。

在国外，由于信用体制比较完善，信用评级已成为企业取得商业贷款的基本依据，提供中小企业融资担保不是商业性担保机构的主要业务。很多国家的融资担保机构以政策性机构为主，但是在我国由于中小企业信用制度不健全，商业性担保具有存在的必要性和市场空间。特别在资金需求量大的地区，由于政策性和互助性担保提供的服务有限，在今后较长的一段时间商业性担保的作用仍不能忽视。为使商业性担保能在中小企业融资中发挥应有的作用，建议如下：一是区分政策性担保和商业性担保在中小企业融资服务中的作用阶段。由于商业性担保的营利性，商业性担保机构的主要服务对象是处于成长和成熟阶段的中小企业，而不是成长初期的企业。二是创新商业性担保机构为中小企业融资服务的方式。承担风险比例高是造成商业性担保公司为中小企业融资服务积极性低的主要原因之一，因此政府应允许和鼓励商业性担保机构探索低风险的为中小企业融资服务的方式。如在欧美金融发达国家出现的"助贷机构"就是一种更低风险的服务模式。即商业性担保机构在银行和中小企业间发挥牵线搭桥的作用，帮助银行搜集、分析其拟服务的中小企业的经营、信用信息，收取服务佣金，而是否贷款由银行决定，商业性担保机构不承担风险。虽然是一种退而求其次的做法，但有利于鼓励担保机构为中小企业提供力所能及的服务。又如鼓励和支持适合条件的商业性担保公司转成小额贷款公司或 P2P 参与互联网金融，以突破银保合作的困局，这和中央 2013 年在《国务院办公厅关于金融支持小微企业发展的实施意见》中提出的"创新小微企业、信息和增信服务机构、商业银行利益共享和风险共担机制"的要求不谋而合。再如由于"中小银行发展显著降低了企业投资对现金流的敏感性，有效缓解了中小企业融资约束，以发展中小银行为核心内容的金融结构改革在中国金融改革中占优先地位"[1]。因此允许符合条件的商业性担保机构转型为中小银行也是商业性担保机构服务于中小企业的另一可行的选择。

---

① 姚耀军、董钢锋：《中小银行发展与中小企业融资约束》，载于《财经研究》2014 年第 1 期。

第 5 章

政府背景和非政府背景风投资本的中小企业融资服务效率比较

  风险投资是对具有高成长潜力的未上市的高风险企业进行股权投资，缓解高科技中小企业的融资困境，支持高科技中小企业发展，是中小企业融资服务体系中不可缺少的一环。纵观世界各国风险投资发展历史，政府在其中的作用不容忽视。20 世纪 50 年代末，美国小企业投资公司（SBIC）计划的成功经验更是为世界各国政府介入风险投资领域树立了典范。国外相关研究中对于政府背景的风投资本是否对受资企业产生正向影响看法不一。勒纳（Lerner，2002）论证了美国政府背景的风险投资项目——SBIC 项目的资助能使受资企业更容易获得其他背景的风投资本的投资，进而创造更高的销售增长率和更多的就业。勒勒和瑟雷蒙（Leleux and Surlemon，2003）运用欧洲 15 国 1990~1996 年的风险投资数据探究私人部门与公共部门背景的风投资本对创投产业资金源的影响，认为在制度政策不变的前提下，公共部门的风投资本并未对私人部门的风险投资产生排挤效应。相反，从整体上看，公共部门背景的风投资本起到鼓励和示范作用，能吸引更多资金进入创投产业。英德斯特、米勒和穆尼奇（Inderst，Mueller and Munnich，2007）却认为政府背景风投资本的投资效率与其投资规模呈负向变动关系，建议政府不要过多介入风险投资行业，要通过财政补贴等间接措施来促进本国风投资本投资中小企业的积极性。布兰德、伊根和赫尔曼（Brander，Egan and Hell-mann，2008）以加拿大的风险投资企业为样本，对有无政府背景的风投资本进行对比分析，发现具有政府背景的风投资本投资效率表现反而不如无政府背景的风投资本。为评价各国政府支持风险投资的绩效，布兰德等

（Brander et al., 2010）以 2000～2008 年获得风险投资的 28800 多家跨国公司的财务数据为基础进行研究，结果显示政府风险投资介入程度和受资企业绩效间呈倒"U"型关系，政府干预必须适度。富勒（Fuller, 2010）对 2003～2007 年在中国进行风险投资的 24 家风投公司、300 多家科技企业和一些政府官员进行访谈，发现重大科技项目和高科技含量企业初创期的风投资金主要来源于国有背景风险投资公司和有本土背景的外国风险投资公司，由于中国对知识产权法律保护不足，外国风险投资公司基本只投资于服务导向型、低科技含量的科技创业企业。

　　在我国，风险投资从产生起就带有具有浓重的政府色彩，经过 30 多年的发展，风投资金来源日益多元化，形成了政府背景风险投资、外资背景风险投资、民营背景风险投资、各背景资本联合投资共存的局面。近年来，国内关于政府背景和非政府背景的风险投资对受资企业影响的研究逐渐增多。例如，左志刚（2011）实证检验了政府干预风险投资市场的有效性，认为政府干预对扩大风投资金来源可能有积极作用，但并不会显著增加社会对风险项目（创业早期项目）的投资规模。张志民和张小民等（2007）在考察了中国风险资本市场发展历程后指出，政府在风险资本市场发展中定位的差异将对中国风险投资行业的发展产生极大的影响，政府背景风投资本具有独特的市场引导和认证功能。近几年，随着创业板上市企业数据库的建立，微观视角的实证分析也多起来，张学勇、廖理（2011）分析了不同背景风险投资机构对受资公司 IPO 上市的折价程度及上市后股票走势的影响，发现受不同背景的风投资本联合资助的企业的市场表现比受纯政府背景风投资本资助的企业好；受民营背景风险资本支持的企业的表现与受政府背景风投资本支持的企业无显著差异。杨大楷、陈伟（2012）以深交所创业板数据为依据进行研究，发现风投资本的参与会提高企业 IPO 折价率和企业 IPO 后收益；虽然不同背景风投资本对受资企业的 IPO 抑价无显著影响，但是私人背景的风投资本对企业 IPO 后的收益具有显著正向影响。陈伟、杨大楷（2013）通过进一步研究发现，不同背景的风投资本会对企业 IPO 产生不同的影响。独立背景风险投资对降低 IPO 和提高 IPO 后的收益正向影响程度最高，企业背景风险投资次之，而政府背景风险投资对上述两个指标几乎没有影响。陈伟（2013）对风投资本背景是否会促进企业技术创新展开研究，认为相比私人背景的风险投资，政府背景的风险投资会增加企业的技术资源，但对企业技术创新没有显著影响。蔡地、陈振龙、刘雪萍（2015）以

2004～2012 年 1042 家深圳证券交易所中小板和创业板 IPO 公司为样本，验证了风险投资及其背景对中国创业企业研发活动的影响，结果表明，不同背景的风险投资对受资企业研发活动的影响存在显著差异，外资背景的风险投资比本土背景的风险投资更能促进受资企业增加研发投入，政府背景的风险投资对受资企业研发投入无显著影响，反而降低了企业研发投入的效率。

目前，国内相关研究选择的数据资料多来自创业板或中小板上市公司，以受资企业上市后的绩效来评判不同背景的风投资本是否对受资企业产生积极影响。本书认为这些研究思路有三点不足：一是风投资本的运作机理决定了其只是企业短期的股权资本，在一段时期后，应该退出受资企业。所以考察风投资本对企业的影响不宜以受资企业上市后 IPO 抑价、IPO 后的绩效、上市后的资产负债率等指标作为衡量标准。二是能够上市的受资企业只是凤毛麟角，还存在大量的未上市的风投资本受资企业，这些企业才是最需要风投资本服务的对象，而现有研究忽略了不同背景风投资本对广大未上市受资企业的影响。三是风投资本投资中小企业，既有经济目的——实现资本增值，也有社会目的——缓解中小企业融资困难，对其他来源的长期低融资成本资金产生引致效应。在现阶段，风投资本的社会功能无疑要优先考虑。而现有研究多以经济效益作为评价标准，忽略了风投资本的社会功能。基于上述不足，本书以不同背景风投资本在缓解中小企业融资困难中的作用为切入点，探究在新的经济背景下，中小企业融资服务体系是否需要政府背景的风险投资？各种背景的风险投资在实践中是否缓解了企业的融资约束？政府背景和非政府背景的风投资本在中小企业融资服务体系中的关系应如何合理界定？这些问题对于政府、企业和资本市场形成对风投资本的正确认识，更好地发挥风险投资在中小企业融资服务体系中的作用，促进政府出台更适应中小企业需求的风投资金扶持政策具有积极的意义。

5.1 不同来源背景的风投资本投资中小企业的动机辨析

风险投资效益表现在以下三个方面：一是缓解企业融资约束；二是促进企业发展，风投资本获得回报；三是创造就业，促进地区经济发展。不同背景的风投资金所追求的效率目标的侧重点是不同的，不同背景的风投资本投资中小企业的动机也是不同的。实证分析风投资本对中小企业融资的影响，必须首先从理论上厘清不同背景的风投资本的投资目标,从而寻找最恰当的评价标准和指标。

5.1.1　政府背景的风险投资的投资动机及评价

在市场经济条件下,只有市场失灵领域才要求政府介入,风险投资也是如此。政府背景的风险投资选择的对象一般具有以下特点:第一,符合国家产业政策。第二,尚处于研发阶段的企业,这些企业的研究开发费用大,但可获得效益未卜,一旦研发成功可产生很强的社会正效应;第三,存在外源性资金融资困难的中小企业,政府希望其风险投入可以起到示范—认证—引致的作用。

从上述特点可以推断,政府介入风险投资的主要目的是缓解高新技术中小企业在初期阶段的融资困难,帮助其突破融资约束,提高市场的胜算率,而不在于期待获得投资收益回报。值得注意的是,政府背景的风险资本对缓解所投资企业的融资约束是把"双刃剑":一方面,政府创投资金进入,表明该企业符合国家产业扶持政策方向,良好的政企关系可以引致社会资金;另一方面,由于政府投资的非营利性及运用领域、规模、期限、管理水平等的限制,使其对社会资金的认证作用打了折扣,甚至政府过度介入会对市场产生挤出效应。在中国,政府风险投资是否起到了引致社会资本、缓解中小企业融资约束的作用是本部分实证分析中首先要探究的内容。

5.1.2　非政府背景的风险投资的投资动机及评价

非政府背景的风险投资指民营背景、外资背景、联合背景的风险投资机构对中小企业的投资。在成熟的风险投资环境中,非政府背景的风投资金占主导地位,它们以资金收益的最大化为目标。在此目标下,非政府背景的风险资本对拟投资的企业有严格的选择标准和筛选机制,所选择的行业、投资时机、具体的企业都与政府背景的投资有很大不同。发展前景良好、有明朗的营利前景、正处于生产周期成熟阶段的企业是非政府风投资金在投资市场中竞相追逐的对象,投资管理模式市场化,投资后为了自身利益积极参与被投资企业的管理。这种投资目标带来的影响也具有两面性,麦金森和维斯(Megginson and Wiss,1991)以 1983 ~ 1987 年美国上市公司为样本进行实证研究。结果显示，风险投资机构以专业素质对拟投资企业进行选择这一行为，一定程度上起到了为企业增加信用的作用，降低了信贷市场上中小企业的信息不对称，其投资行为具有对社会资金的认证和引致作用。但是这种作用只会锦上添花，引导社会资金流向资金原本充裕的企业，深受融资约束困扰的企业却不能从中受益。在中国，随着私人资本不断进入风险投资行业，非政府背景风险投资成为一只不可忽视的力量，在受资企业经营绩效和风投资金投资绩效最大化双重目标下，非政府背景风险投资资金的选择有何特点，与政府背景的风险投资在我国中小企业融资服务实践中如何分工，是本部分实证研究要探究的第二个内容。

尽管不同背景的风险投资资金投资目的不同，但两者不存在截然的矛盾。政府背景的风险投资以社会效益为重，但是如果完全不顾及经济效益，政府的财政资金就难有后续性，社会效益也得不到保证。对于非政府背景的风险投资机构，有经济效益才能鼓励其继续投资，但如果忽视社会效益，就违背了风投资本出现的初衷，投资对象狭窄，最终影响经济效益。因此，不管何种背景的风投资本，两种效益都必须兼顾，根据具体的经济形势调整侧重点。在现阶段宏观经济形势下，中国风投资本的社会目标应优先于经济目标，为缓解企业融资困难服务应融入风险投资机构的经营理念中。

5.2　不同背景风投资本的中小企业融资服务效率实证分析

5.2.1　指标选择

本书以企业融资约束缓解程度作为衡量风投资本为中小企业融资服务效率的替代指标。作为被解释变量，这里选取的指标有两个。一是受资企业在接受投资的特定时段内能否上市。被投资企业顺利上市，意味着中小企业的融资约束得到缓解，且风投资本能顺利获利退出。因此是否有助于推动企业上市是本书用于衡量风投资本为中小企业融资服务效率的一个指标。本书以样本企业接受第一笔风险资本到上市所需的年限为细化指标。二是非上市企业在接受风险投资一段时间后获得银行等金融机构贷款的改善情况。在我国中小企业能否上市受到诸多因素的制约，以能否上市作为衡量指标有一定的偏颇，必须寻找另一个具有普适性的指标来考察风投资本对中小企业融资服务效率。夸克和塔德赛（Kwok and Tadesse，2006）发现，文化环境差异会影响一国金融体系中政府和市场的关系，风险厌恶程度高的国家更青睐以银行为主导的金融结构。在我国，银行贷款历来是各类型企业最期盼的较低成本的资金来源，但是趋利性使商业性金融机构不愿投资于规模小、风险大的新兴企业。那么，风险资本的加入能否缓解企业难以获得金融机构贷款这一外源性债务资金的困境？已有研究指出，非政府背景的风险投资为维护自身的利益，在投资前对拟投资企业要进行严格的筛选，这种筛选一定程度上消除了市场上资金提供者和资金需求者之间的信息不对称和投资前景的不确定性，市场一般也认为经过专业投资者筛选后的企业应该是具有发展潜力的优质企业，愿意跟风投资。这种筛选作用在处于初创期的受资企业身上表现得更明显。而对于政府背景的风投机构，政府投资的政策倾向性也会引导市场资金流向风险资金的受资企业，企业获得外源性债务资金的可能性增大。因此本书将样本中非上市公司在接受风险投资后第五年末资产负债表中的长期借款额占总资产的比例作为衡量风投资本的中小企业融资服务效率的另一指标。这里的长期借款指企业向银行或其他金融机构借入的期限在一年以上（不含一年）或超过一年的一个营业周期以上的各项借款。

解释变量为影响企业融资约束的指标，包括以下两个方面：

1. 受资企业的自身特性

（1）受资企业规模的大小，一般情况下受资企业规模越大，说明企业实力较强，各种外源资金愿意对其投资，企业的融资状况越良好，因此其对企业融资约束的影响一般为正向。

（2）接受投资时企业所处的生命周期。相较于成长期和成熟期，处于初创期的企业面临的技术、经营、市场等的不确定性大，很难吸引市场资金的注资，风险资本即使投入了也面临着较大的风险。海格、帕洛米诺和施维恩巴赫（Hege，Palomino and Schwienbacher，2003）站在风险投资机构角度发现，风投资本参与的轮次越早，回报率越低，成功退出的可能性越小。据此推断企业所处的生命周期可能影响风投资本为中小企业融资服务的效率，这里将企业的成立年限作为解释变量放入模型中。

（3）企业所处的行业。风险投资机构的风险来源于被投资公司未来面临的不确定性，中国风险投资行业发展不久，风投机构对投资项目的性质很看重，偏好风险小、获利快的行业，如金融、服务、商业、文化等。但本书出于研究目的需要特意选择融资相对困难的制造业类的中小企业为资料收集对象，按照其从事的业务特点分为高新技术类制造业和传统制造业，引入二维虚拟变量，分别用 1 和 0 表示。

（4）企业总部所在地。在中国，由于地区经济差距，地域对企业融资的易得性也有着一定的影响，东部经济发达地区的企业融资约束性小，风投公司也多集中在东部经济发达地区，这些区域的企业可以更便捷地获得资金支持。因此企业所处的地域也被纳入本部分的模型中，同样引入二维虚拟变量，若企业位于东部沿海的风投业发达地区，如北京、上海、天津、山东、江苏、浙江、福建、广东，定义为 1，其余的定义为 0。

（5）企业接受投资的轮次。投资轮次是指风险投资机构对同一家企业进行投资的次数。投资轮次按受资企业发展的阶段分为天使轮、A 轮、B 轮、C 轮、D 轮、grouth、pipe 等。田（Tian，2011）研究发现，企业接受的投资轮次越早、越多，由于风投公司监督频率高、监督强度大，企业的经营就越规范，对增强企业实力和信誉越有利。从支持中小企业发展的角度看，风险投资进入的轮次越早，对企业的融资支持越大，因此我们以企业在特定时间内首次接受风险投资的轮次是否在天使轮、A 轮为基准，"是"为 1，"否"为 0。

2. 风投机构状况

风投机构的自身素质对企业上市和吸引外源性债务资金也有影响，本部分选取由以下几个指标体现：

（1）风险投资机构投资经验。波多利内（Podolny，2001）认为，风险投资公司较长的经营年限表明其有良好的项目运作能力，能赢得较高的行业内的地位和声誉。这些软实力能帮助企业改善经营、提高被投资企业上市可能性，缓解融资约束。但也有结论相反的研究，卡明、丹尼尔和乌韦（Cumming，Daniel and Uwe，2010）运用美洲、欧洲、亚洲 39 个国家的数据进行实证研究发现，风险投资公司运营年限的长短不是决定其实力的主要因素，有些新成立的公司因为对投资环境熟悉和对所投行业擅长也有很强的实力。这里以到投资事件发生时风险投资机构的存续时间作为风险投资机构投资经验的替代变量，考察风投公司的资历和经验是否有助于缓解被投资企业的融资约束。

（2）风投公司是否有政府背景。鼓励发展风险投资是中国政府用于缓解中小企业融资困难的举措之一，可以推断具有政府背景的风投公司应该在缓解企业融资约束中发挥重要作用。但政府背景又制约了风投公司在项目选择、资源整合、后续项目管理等方面的独立性，对缓解企业融资约束不利。比较政府背景和非政府背景的风投公司为中小企业融资服务的效率及影响因素是本书的重点。

（3）风投公司是否与受资企业处于同一区域。在实践中，出于信息对称的考虑和政府地区保护的需要等原因，无论是政府背景的风投公司还是非政府背景的风投公司都偏好于投资本区域企业，这种偏好是否能使受资企业在融资时受益在模型中也会涉及。

基于上述分析，本书使用的被解释变量和解释变量的定义如表 5－1所示。

表 5－1　　　各变量指标的定义（2010～2011 年发生的一个投资事件）

变量名称	符号	定义
1. 样本企业是否上市	y	"是"为 1，"否"为 0
2. 样本企业上市所需年限	$year$	受资企业接受第一笔风险投资到上市时的年限（年）
3. 样本非上市企业银行长期借款可得性	$loan$	非上市企业接受首轮投资后第 5 年末资产负债表中的长期借款额占总资产比例（%）
4. 风投公司投资经验	exp	投资事件发生时参与首轮投资的主风投公司的成立年限（年）
5. 政府背景风投资本额占受资企业风投融资总额比例	gov	一个投资事件中政府背景风投资金占比（%）
6. 非政府背景风投资本额占受资企业风投融资总额比例	$nongov$	一个投资事件中非政府背景风投资金占比（%）
7. 受资企业规模	$scale$	投资事件中受资企业当年年初和年末注册资金的平均数（万元），取对数
8. 受资企业与风投公司是否位于同一区域	$same$	"是"为 1，"否"为 0
9. 受资企业所处行业	ind	投资事件中投资项目的性质，高新技术企业为 1，非高新技术企业为 0
10. 受资企业所处周期	$period$	至投资事件发生时受资企业的成立年限
11. 受资企业总部所在地	loc	东部沿海为 1，中西部为 0
12. 受资企业首次接受投资轮次	$round$	天使轮、A 轮为 1，其余轮次为 0

5.2.2 分析模型

1. 不同背景风投资本下受资中小企业融资状况的改善

（1）对于 2016 年 6 月止所有的样本受资公司，以其是否上市（y）作为被解释变量，以受资企业自身特征和投资公司特征为解释变量进行 logit 回归，考察不同背景风投资本对促进受资企业上市是否有影响。因为 gov 数值和 nongov 数值之和等于 1，为避免共线性，模型中先将政府背景风投资本占企业总风投融资比例（gov）纳入模型。模型 5.1 中如果系数 ∂_2 为正且显著，说明政府背景风投资本对促进企业上市有正向影响；如果系数 ∂_2 为负，则对促进企业上市产生负向影响。

$$y_i = \partial_0 + \partial_1 \exp_i + \partial_2 gov_i + \partial_3 scale_i + \partial_4 same_i + \partial_5 ind_i$$
$$+ \partial_6 period_i + \partial_7 loc_i + \partial_8 round_i + \mu_i \tag{5.1}$$

（2）对于截至 2016 年 6 月样本受资公司中的上市公司，以其接受首轮风险投资到上市的时间长短为被解释变量（year），越短说明企业融资困境缓解得越快。同理，在模型 5.2 中，如果系数 ∂_2 为正且显著，说明政府背景风投资本对企业融资情况产生负向影响；反之，则产生正向影响。

$$year_i = \partial_0 + \partial_1 \exp_i + \partial_2 gov_i + \partial_3 scale_i + \partial_4 same_i + \partial_5 ind_i$$
$$+ \partial_6 period_i + \partial_7 loc_i + \partial_8 round_i + \mu_i \tag{5.2}$$

（3）对于样本受资公司中的非上市企业，以其接受首轮投资后第 5 年末资产负债表中长期借款额占资产的比例为被解释变量，考察受资企业在接受了风险资本后对其融资约束的缓解程度。loan 越大，受资企业融资约束缓解情况越好。在模型 5.3 中，如果系数 ∂_2 为正且显著，说明政府背景风投资本对企业融资情况产生正向影响；如果系数 ∂_2 为负且显著，则产生负向影响。

$$loan_i = \partial_0 + \partial_1 \exp_i + \partial_2 gov_i + \partial_3 scale_i + \partial_4 same_i + \partial_5 ind_i$$
$$+ \partial_6 period_i + \partial_7 loc_i + \partial_8 round_i + \mu_i \tag{5.3}$$

（4）将非政府背景风投资本占企业接受的总风投资本比例（nongov）替代上述 3 个模型中的变量 gov，考察非政府背景风投资本对企业融资状况改善的影响。

2. 不同背景的风投资本对受资企业融资服务效率的行业、地区、轮次特征

由于政府和非政府背景的风险投资机构的投资动机的区别，它们在选择受资企业时会呈现出行业、地区、投资轮次的偏向性，这种偏向对缓解中小企业融资约束是否有影响？为回答这一问题，本书将不同背景的风险资本在不同行业、地区、轮次特征下对受资企业的融资服务效率进行比较。仍沿用模型5.2、模型5.3的指标设定，分别以上市受资企业和非上市受资企业为样本，将政府背景资金占比与受资企业的行业、地区、投资轮次特征的交乘项分别引入模型5.2、模型5.3中，建立以下6个分析模型：

$$year_i = \partial_0 + \partial_1 \exp_i + \partial_2 gov_i + \partial_3 scale_i + \partial_4 same_i + \partial_5 ind_i$$
$$+ \partial_6 period_i + \partial_7 loc_i + \partial_8 round_i + \partial_9 gov_i \times ind_i + \mu_i \quad (5.4)$$

$$year_i = \partial_0 + \partial_1 \exp_i + \partial_2 gov_i + \partial_3 scale_i + \partial_4 same_i + \partial_5 ind_i$$
$$+ \partial_6 period_i + \partial_7 loc_i + \partial_8 round_i + \partial_9 gov_i \times loc_i + \mu_i \quad (5.5)$$

$$year_i = \partial_0 + \partial_1 \exp_i + \partial_2 gov_i + \partial_3 scale_i + \partial_4 same_i + \partial_5 ind_i$$
$$+ \partial_6 period_i + \partial_7 loc_i + \partial_8 round_i + \partial_9 gov_i \times round_i + \mu_i \quad (5.6)$$

$$loan_i = \partial_0 + \partial_1 \exp_i + \partial_2 gov_i + \partial_3 scale_i + \partial_4 same_i + \partial_5 ind_i$$
$$+ \partial_6 period_i + \partial_7 loc_i + \partial_8 round_i + \partial_9 gov_i \times ind_i + \mu_i \quad (5.7)$$

$$loan_i = \partial_0 + \partial_1 \exp_i + \partial_2 gov_i + \partial_3 scale_i + \partial_4 same_i + \partial_5 ind_i$$
$$+ \partial_6 period_i + \partial_7 loc_i + \partial_8 round_i + \partial_9 gov_i \times loc_i + \mu_i \quad (5.8)$$

$$loan_i = \partial_0 + \partial_1 \exp_i + \partial_2 gov_i + \partial_3 scale_i + \partial_4 same_i + \partial_5 ind_i$$
$$+ \partial_6 period_i + \partial_7 loc_i + \partial_8 round_i + \partial_9 gov_i \times round_i + \mu_i \quad (5.9)$$

仍将非政府背景风投资本占企业接受的风投资本总额的比例（nongov）替代上述6个模型中的变量gov，比较在不同行业、地区、轮次特征下非政府背景风投资本和政府背景风投资本对企业融资状况改善的异同。

上述9个模型中的∂_0为常数项，∂_i为各解释变量对被解释变量的影响系数，μ_i为除模型中变量以外的其他影响解释变量的因素。

3. 不同背景风投公司的投资对象选择偏好与其中小企业融资服务效率关系探究

一些学者对不同背景风投公司的投资对象的选择偏好进行过研究，发现风投公司选择投资对象时考虑了企业所处的行业、地区、生产周期、地区等因素，风投公司这种选择偏好是否能与其为中小企业融资服务功能相契合，是影响风投资本为中小企业融资服务效率的主要因素。因此本书运用全部样本——532 家受资企业数据资料，对不同背景的风险投资公司投资对象选择偏好进行验证，分析该偏好是否能促进中小企业融资服务功能的实现。

$$gov_i = \gamma_0 + \gamma_1 scale_i + \gamma_2 same_i + \gamma_3 ind_i + \gamma_4 period_i$$
$$+ \gamma_5 loc_i + \gamma_6 round + \mu_i \tag{5.10}$$

$$nongov_i = \gamma_0 + \gamma_1 scale_i + \gamma_2 same_i + \gamma_3 ind_i + \gamma_4 period_i$$
$$+ \gamma_5 loc_i + \gamma_6 round + \mu_i \tag{5.11}$$

上述 2 个模型中的被解释变量分别为政府背景风投资本和非政府背景风投资本在风投总资本中的占比，其他变量的经济意义同前述模型。γ_0 为常数项，γ_i 为各解释变量对被解释变量的影响系数；μ_i 为除模型中变量以外的其他影响解释变量的因素。

5.2.3 数据来源与样本描述

与相关研究以风投公司为视角不同，本书借助投中集团 CV source 风险投资数据库记录的投资事件，以 2010 ~ 2011 年间首次接受风险投资的中小企业为研究对象，以随后的 5 年为时间窗，考察企业在 2010 ~ 2016 年间融资困难的缓解情况。鉴于本书研究目的，在 CV source 风险投资数据库记载的 2010 ~ 2011 年发生投资事件（不含私募股权投资 PE）的众多受资企业中，样本选择标准是：（1）2010 ~ 2011 年间首次接受风险投资（CV）的，含首次接受天使轮、A 轮、B 轮、C 轮、D 轮、Growth 投资的企业；（2）受资企业的所属行业为传统制造业、高新技术制造业，不含服务业（物流、电子商务、金融、餐饮、广告、传媒、文化、娱乐等）、地产、公用事业（如电力、能源等）；（3）剔除数据存在缺失、异常的受资企业。按照上述标准，我们总共收集到 532 家在 2010 ~ 2011 年间接受首轮风险投资的企业的数据资料。其中，截至 2016 年 6 月已上市企业（仅限于在深沪上市）117家，非上市企业 415 家；属于传统制造业 321 家，高新技术制造业 211 家；位于风险投资业发达地区 383 家，非发达地区 149 家。

各指标数据主要由投中集团的 CV source 风险投资数据库整理而得，部分缺失的资料来自清科公司的风险投资数据库、《中国风险投资年鉴》（2010 ~

2015)、《中国创业风险投资发展报告》（2010～2015）、相关公司的网站。受资企业中已上市公司的部分财务数据来源于同花顺财经数据库，非上市受资企业接受投资当年的注册资本和 2014 年底、2015 年底资产负债表在相关税务部门的支持下获得。相关指标数据的统计量如表 5－2 所示，相关数据见本书附件 4。

表 5－2　　　　　　　　　　模型中数值型变量主要统计量特征

变量符号	变量个数	最大值	最小值	平均值	标准差
year（年）	117	7	1	3.31	1.56
loan（%）	415	8.56	2.30	6.20	0.71
exp（年）	532	30	1	7.33	5.54
gov（%）	532	100	0	0.23	0.39
nongov（%）	532	100	0	0.77	0.39
scale（万元，取对数）	532	4.82	10.71	7.25	0.96

注：y、$same\ section$、$industry$、$period$、$location$、$round$ 分别为分类变量、最大值、最小值、平均值、标准差略。

5.2.4　实证分析

在进行多元回归分析之前，对各模型涉及的相关变量分别进行相关性检验，变量间相关性系数低于 0.5，相关性低，适合进行多元回归分析。实证检验结果如下：

1. 政府背景的风险投资对缓解中小企业融资困难有正向影响

将收集到的 2010～2011 年间接受首轮风投资金的企业的数据分为全样本、已上市企业和非上市企业三个部分，分别运用模型（5.1）、模型（5.2）、模型（5.3）进行回归。

表 5－3 结果显示，模型（5.1）的 logit 回归分析中，gov 的系数仅在 10% 水平下显著，表明政府背景的风险资本对推动企业上市有正向影响，但不是决定企业能否上市的关键因素；模型（5.2）中政府性风险资本占比（gov）的系数为 －1.384，在 1% 水平下显著，进一步说明企业接受的政府背景风险资本越多，越有助于促进其在短时间内成功上市。模型（5.3）结果中变量 gov 的系数为 0.554，也在 1% 水平下显著，说明接受政府背景的

风投资本越多的企业越容易获得金融机构的贷款。风险资本的政治背景增强了受资企业信用，使其信息不对称状况得到改善。

以变量 *nongov* 替代变量 *gov* 对模型（5.1）、模型（5.2）、模型（5.3）进行回归分析后发现，非政府背景的风投资本对改善中小企业融资状况的影响是负向，这与选择制造行业的企业作为样本有一定关系。

表5-3　　　　　风投资本对中小企业融资约束改善情况实证结果

因变量	常数项	*exp*	*gov*	*scale*	*same*	*ind*	*period*	*loc*	*round1*
是否 上市（*y*） 模型5.1	-1.551 *** (0.000)	-0.004 (1.167)	0.069 * (0.097)	0.232 *** (0.000)	0.111 *** (0.000)	-0.006 (0.847)	0.002 (0.370)	0.075 ** (0.025)	-0.029 (0.482)
year 模型5.2	2.838 * (0.091)	0.022 (0.350)	-1.384 *** (0.001)	0.224 (0.251)	-0.120 (0.926)	-0.207 (0.540)	-0.054 *** (0.008)	-0.113 (0.721)	-0.468 (0.125)
loan 模型5.3	0.616 *** (0.000)	0.004 (0.247)	0.554 *** (0.000)	0.765 *** (0.000)	-0.004 (0.911)	-0.043 (0.235)	0.007 *** (0.006)	0.019 (0.605)	0.058 (0.241)

注：括号内数值为统计量对应的 *P* 值，*** 、** 、* 分别表示在1%、5%、10%水平下显著。

2. 不同行业、地区、轮次背景下风投资本的中小企业融资服务效率考察

表5-4中模型（5.4）、模型（5.5）、模型（5.6）以样本中已上市的117家受资企业的数据资料为基础得出的结果显示：模型（5.4）中主要解释变量是 *gov* × *ind* 的系数为 -1.6127，在10%水平下显著，说明政府背景的风投资本投资于高新技术中小企业，对其尽早上市有促进作用；模型（5.6）的主要解释变量 *gov* × *round* 的系数 -2.0952，*t* 对应的 *P* 值为0.067，显示若以受资企业接受首轮风投资金至上市之间的时间长短为评价标准，政府背景风投资金投资的轮次越早，对促进受资企业上市的效果越好。但是模型（5.5）中的主要解释变量 *gov* × *loc* 的系数对应的 *P* 值不显著，无法判断我国政府背景风投资本投资地域差异对中小企业的融资服务效率的影响。

以变量 *nongov* 替代变量 *gov* 对模型（5.4）、模型（5.5）、模型（5.6）进行回归分析（见表5-5），交乘项除 *nongov* × *loc* 不显著外，*nongov* × *ind*、*nongov* × *round* 的系数分别为 -1.6214、-2.0950，都在10%以下显著，说明非政府背景的风投资本投资于高新技术制造业能起到促进企业尽快上市的作用；非政府背景风投资金在 A 轮等较低轮次上投资越多，对受资企业上

市的促进作用越大。但实践中，非政府背景风投公司为尽快获利，更愿意投资于快要上市的企业，而不是急需资金的处于初创期的企业，这种矛盾导致非政府背景风投资本的中小企业融资服务效果不理想。

表 5 - 4 中模型（5.7）、模型（5.8）、模型（5.9）是对未上市的 415 家样本受资企业的数据资料进行分析的结果：模型（5.7）中解释变量 $gov \times ind$ 的系数 0.1676 在 10% 水平下显著，说明政府背景的风投资本对高新技术制造企业获得更多的银行贷款有正向的帮助；模型（5.8）中解释变量 $gov \times loc$ 的系数对应的 P 值不显著，政府背景的风投资本投资于不同地区中小企业没有呈现显著的融资服务效率差异；模型（5.9）中解释变量 $gov \times round$ 的系数为 0.2853，在 10% 水平下显著，说明政府背景的风投资本对企业首次投资的轮次越早，对急需资金的中小企业的获得银行等金融机构贷款的支持作用越大。同样地，将变量 $nongov$ 替代变量 gov 对模型（5.7）、模型（5.8）、模型（5.9）进行回归分析（见表 5 - 5），交乘项除 $nongov \times loc$ 不显著外，$nongov \times ind$、$nongov \times round$ 的系数分别为 - 0.1641、0.2778，都在 10% 水平下显著，说明非政府背景风投资本的投入对改善非高新技术行业的中小企业融资约束困境有积极作用；非政府背景风投资本投在 A 轮等较低轮次上数额越大，对非上市企业获得金融机构低息贷款有正向推动作用。

以上分析发现，在行业的选择上，当前政府背景的风投资本和非政府背景的风投资本在我国中小企业融资服务体系中各有发挥作用的优势空间，互为补充；在投资轮次上，政府背景和非政府背景的风投资金如果能多投资在企业的初创期，有利于提高为中小企业融资服务的效率；服务对象的地域选择对政府背景和非政府背景风投资本为中小企业融资服务效率的影响不显著。

表 5 - 4　　　　行业、地区、轮次特征下政府背景风投资本对
中小企业融资服务效率影响

解释变量	被解释变量：year			被解释变量：loan		
	模型（5.4）	模型（5.5）	模型（5.6）	模型（5.7）	模型（5.8）	模型（5.9）
常数项 C	2.2516	2.9361 *	1.9009	0.6045 ***	0.6223 ***	0.6122 ***
	(0.169)	(0.083)	(0.233)	(0.000)	(0.000)	(0.000)
exp	0.0207	0.0194	0.0217	0.0037	0.0036	0.0032
	(0.371)	(0.406)	(0.349)	(0.223)	(0.243)	(0.296)

续表

解释变量	被解释变量：year			被解释变量：loan		
	模型（5.4）	模型（5.5）	模型（5.6）	模型（5.7）	模型（5.8）	模型（5.9）
gov	−0.1711 **	−1.3568 ***	−1.0192 **	0.4452 ***	0.5036 ***	0.5327 ***
	(0.023)	(0.001)	(0.023)	(0.000)	(0.000)	(0.000)
scale	0.2532	0.1656	0.2686	0.7684 ***	0.7662 ***	0.7626 ***
	(0.193)	(0.403)	(0.168)	(0.000)	(0.000)	(0.000)
ind	−0.2899	−0.2042	−0.1121	−0.0814 *	−0.0434	−0.0400
	(0.391)	(0.543)	(0.740)	(0.053)	(0.235)	(0.273)
same	0.009	0.0092	−0.0308	0.0007	−0.0025	0.0010
	(0.996)	(0.965)	(0.883)	(0.984)	(0.942)	(0.976)
period	−0.0488 **	−0.0528 ***	−0.0507 **	0.0072 ***	0.0074 ***	0.0074 ***
	(0.018)	(0.010)	(0.013)	(0.007)	(0.006)	(0.006)
loc	−0.1125	−0.1278	−0.1794	0.0168	0.0006	0.0156
	(0.719)	(0.685)	(0.569)	(0.653)	(0.990)	(0.678)
round	−0.3868	−0.5230 *	−0.7318 **	0.0631	0.0598	0.0882 *
	(0.205)	(0.084)	(0.029)	(0.202)	(0.228)	(0.093)
gov × ind	−1.6217 *	—	—	0.1716 *	—	—
	(0.077)			(0.070)		
gov × loc	—	−1.2882	—	—	0.0739	—
		(0.138)			(0.418)	
gov × round	—	—	−2.0952 *	—	—	0.2853 *
			(0.067)			(0.089)

注：括号内数值为统计量对应的 P 值，*** 、** 、* 分别表示在 1%、5%、10% 水平下显著。

表 5 − 5   **行业、地区、轮次特征下非政府背景风投资本对**
中小企业融资服务效率影响

解释变量	被解释变量：year			被解释变量：loan		
	模型（5.4）	模型（5.5）	模型（5.6）	模型（5.7）	模型（5.8）	模型（5.9）
常数项 C	2.2512	2.9350 *	1.8999	1.0527 ***	1.1288 ***	0.9584 ***
	(0.169)	(0.083)	(0.234)	(0.000)	(0.000)	(0.000)
exp	0.0207	0.0181	0.0217	0.0039	0.0038	0.0034
	(0.371)	(0.137)	(0.349)	(0.200)	(0.219)	(0.266)

续表

解释变量	被解释变量：year			被解释变量：loan		
	模型（5.4）	模型（5.5）	模型（5.6）	模型（5.7）	模型（5.8）	模型（5.9）
nongov	0.7813 (0.137)	1.3567 *** (0.001)	1.0194 ** (0.023)	− 0.4455 *** (0.000)	− 0.5052 *** (0.000)	− 0.2893 * (0.079)
scale	0.2532 (0.192)	0.1657 (0.403)	0.2687 (0.168)	0.7679 *** (0.000)	0.7658 *** (0.000)	0.7623 *** (0.000)
ind	− 0.2899 (0.391)	− 0.2041 (0.544)	− 0.1120 (0.740)	0.0817 (0.320)	− 0.0458 (0.212)	− 0.0425 (0.246)
same	0.009 (0.997)	0.0090 (0.966)	− 0.0309 (0.883)	− 0.0014 (0.968)	− 0.0045 (0.898)	− 0.0008 (0.981)
period	− 0.0488 ** (0.018)	− 0.0529 *** (0.010)	− 0.0507 ** (0.013)	0.0074 *** (0.006)	0.0075 *** (0.005)	0.0076 *** (0.004)
loc	− 0.1125 (0.720)	− 0.1278 (0.685)	− 0.1794 (0.569)	0.0153 (0.684)	0.0665 (0.392)	0.0141 (0.707)
round	− 0.3868 ** (0.025)	− 0.5299 * (0.084)	− 0.7317 ** (0.029)	0.0622 (0.210)	0.0590 (0.236)	0.3011 ** (0.053)
nongov × *ind*	− 1.6214 * (0.077)	—	—	− 0.1641 * (0.083)	—	—
nongov × *loc*	—	1.2879 (0.138)	—	—	− 0.0653 (0.474)	—
nongov × *round*	—	—	− 2.0950 * (0.067)	—	—	0.2778 ** (0.098)

注：括号内数值为统计量对应的 P 值，*** 、** 、* 分别表示在 1%、5%、10% 水平下显著。

3. 不同背景风投公司的投资偏好与风投资金为中小企业融资服务效率之间的关系

风投公司的投资对象选择偏好是影响风投资本对受资企业融资服务效果的重要因素。那么，当前我国风投资本选择投资对象时的行业偏好、地区偏好、企业生命周期偏好、投资轮次偏好等，与风投资本的中小企业融资服务功能是否一致？模型（5.10）和模型（5.11）对此进行了验证。

从表 5 - 6 各解释变量系数符号及对应 P 值可以看到，影响风投公司投资偏好的七个主要因素中，企业规模和所处的生产周期两个因素系数对应的 P 值不显著，说明政府背景和非政府背景的风投公司对受资企业没有明显的规模偏好和生产周期偏好。而企业所处行业、所处地域、是否与风投公司处于同一地区对风投公司的投资意愿有显著影响，政府背景的风投公司偏好投资于与其处于同一地区的企业、高新技术性质的企业、处于风险投资不发达地区的企业；非政府背景的风投资本则偏好投资于不在同一地区，但位于风投业发达地区的非高新技术的企业。从投资轮次的选择看，政府背景的风投资本首轮投资倾向于选择在 A、B 等较低轮次，对企业融资起雪中送炭的作用；而非政府背景的风投资本首轮投资倾向于选择在较高轮次，锦上添花，希望迅速获利。

表5－6 风险投资机构投资对象选择偏好实证结果

解释变量	模型（5.10）被解释变量：*gov*		模型（5.11）被解释变量：*nongov*	
	系数	*t* 对应的 *P* 值	系数	*t* 对应的 *P* 值
常数项 *C*	0.2189	0.112	0.7763 ***	0.000
scale	－0.0187	0.271	0.0193	0.255
same	0.0629 **	0.025	－0.0653 **	0.020
ind	0.2914 ***	0.000	－0.2960 ***	0.000
period	－0.0028	0.244	0.0032	0.193
loc	－0.0939 ***	0.007	0.0922 ***	0.009
round	0.1121 ***	0.009	－0.1130 ***	0.009

注：*** 、** 、* 分别表示在1%、5%、10%水平下显著。

几个实证结果对比后发现，非政府背景风投公司的投资偏好与其承担的中小企业融资服务的功能存在矛盾。如表5－5分析结果显示，非政府背景风投资本投资于 A、B 等较低轮次有利于促进中小企业上市和获得更多的银行贷款，但是非政府背景风投公司却热衷于投资在较高轮次；又如非政府背景风投资本投资于高新技术制造业有促进企业尽快上市的作用，但是其倾向于选择风险相对小的行业进行投资，这种矛盾使得非政府背景风投资本为中小企业融资服务功能打了折扣。

5.3 结论与建议

以受资企业融资情况的改善（例如，企业上市、更易获得金融机构贷款）为视角，考察在中小企业融资服务体系中政府背景风投资金和非政府背景风投资金的服务效率，结论如下：

第一，政府背景风投资本和非政府背景风投资本在中小企业融资服务体系中各有优势，互为补充。

第二，在我国，现阶段政府背景风投资本对缓解中小企业融资困难有正向影响，特别对于面临较多融资约束的高新技术企业、处于初创期急需资金的中小企业有着良好的融资服务效率。

第三，非政府背景风险投资机构的投资对象选择偏好与其承担的中小企业融资服务功能不一致，影响了其为中小企业融资服务的效率。

政府背景和非政府背景的风投资本在中小企业融资服务体系中并存要求处理好政府和市场的分工问题，一味依赖于政府背景风投资本不能起到最佳的扶持效果。因此，如何规范政府背景风投资本在中小企业融资服务体系中的作用和引导非政府背景风投资本的投资选择，是处理政府与市场在中小企业融资服务体系中作用应考虑的课题。

5.3.1　把握政府背景风投资金对中小企业投资的度

政府干预风险资本市场有合理的理由。在中国，风险投资的发展经历了从政府直接建立风险投资公司到各级政府设立创业投资引导基金，间接引导社会资本进入风险投资市场的过程，政府背景的风投资本在中小企业融资服务体系中作用明显。但是政府干预过多带来的不利影响也显而易见：政府为企业提供政策性的风投资金会降低企业的创新精神；政府风投资金会挤占私人风投资本；政府背景风险投资会因官僚主义、缺少专业知识、经济人动机等导致投资供给与市场需求不能完全契合。因此，尽管我国中小企业融资困境改善需要政府背景的风投资本，但政府对风险投资的介入仍要适当。一是介入手段适当，坚持间接干预。通过财政、金融政策优惠、良好环境的塑造吸引多元化资金进入风险投资领域，通过政府引导基金引导多元化风投资本投资到难以获得外源资金的融资困难企业。二是管理方式适当。注重发挥市场功能，将政府背景风投资金通过参股、委托等方式托管，避免直接干预企业经营。三是投资对象选择适当。既要考虑受资企业的行业特征、产品特性、生产周期、行业指示功能等微观因素，也要考虑受资企业发展对产业、行业、宏观经济等宏观因素的影响。坚持宏观目标为先，根据非政府背景风投机构投资对象的变化对相关政策进行动态微调，逐渐让位于成熟的非政府背景的风投资本。四是投资规模和投资期限适当，规模宜小不宜大，期限宜短不宜长，退出要及时。

5.3.2 对非政府背景风投机构投资中小企业提供实质性政策支持

对非政府背景的风投机构而言，以利益为中心的经济目标总是优先于以缓解企业融资困难为中心的社会目标。因此要发挥其服务于中小企业的融资功能，政府的政策激励是必要的。政策激励应从两个方面着手：一方面激励风投资本进入符合国家产业政策但行业风险高、成立时间不长、位于投融资环境不发达地区的中小企业。税收优惠是常见的激励政策，十多年来，我国颁布了一系列鼓励风投资本投资于中小企业的税收政策，减税是主要内容，但执行效果不明显。随着税制改革对税收优惠政策的清理，期望通过进一步减税来刺激非政府背景的风投机构投资于融资困难的中小企业不是明智的选择，要用多方位的激励替代单纯税收激励。例如，为风投资本提供良好的税收服务环境，优化服务，提高行政效率；对投资于融资弱势企业群体的风投机构以差别性税收激励；配套多元化的财政手段，如融资信用担保、财政补贴、政府采购、政府优惠贷款等。另一方面是为风投资本投资高新技术中小企业提供良好的退出通道。退出通道不仅是风投资本获利的途径，更是激励其发挥为中小企业雪中送炭融的资服务功能的配套措施。缺乏易行的退出通道，一个再成功的风险投资项目也很难将其增值资本用于下一轮的投资循环。当前，中国风险投资 VC 转 PE 现象严重，风投公司不愿投资处于初创期的高新技术小企业，热衷投资于上市可能性大的企业等与缺乏退出通道有关。因此要继续构建多层次的资本市场，完善退出渠道，继续完善创业板、未上市中小企业的三板市场，推进优先股试点。此外，还要着力优化风险监控环境，完善风险投资法律制度体系；建设风险投资网络，加强政府、创投机构、受资企业、个人客户间的联系，减少信息不对称等。

第 6 章

新金融生态下多元化融资渠道缓解
小微企业融资困难有效性探析

　　建设现代化经济体系要着力发展实体经济，而小微企业是实体经济的根基所在。宽松的融资环境、多样化的融资渠道对小微企业的发展至关重要。卡尔·罗伯特（Cull Robert et al.，2006）通过对 19 世纪到 20 世纪初北大西洋国家部分企业发展状况的考察发现，提供融资服务的金融机构的多样化能够在一定程度上弥补小企业的信息劣势，从而使更多小企业的融资需求得到满足。贝克·托尔斯滕（Beck Thorsten et al.，1999）认为一国的金融市场体系越发达，提供融资服务的金融中介机构越多，它们之间的竞争越激烈，小微企业外源融资的成本就越低，对缓解融资约束程度越有利。贝尔根和尤戴尔（Bergen，A. N. and Udell，G. F.，1998）认为不同性质的金融机构在为企业提供贷款时使用的信贷技术也不同，多样化的金融服务主体的出现有利于提高小企业融资成功率。

　　随着小微企业在我国实体经济中的作用日益凸显，融资环境不断改善，除内源融资外，外源资金来源渠道不断扩展，股权融资、债券融资、银行信贷、小额贷款、民间信贷、互联网金融等多样化融资渠道共存，对缓解小微企业融资难困境起到积极作用。在这些外源融资渠道中，银行贷款、小额贷款公司贷款、互联网金融逐渐成为我国小微企业外源债务性资金的主要来源渠道。但是在这些传统抑或新兴的融资渠道中，谁在小微企业融资困境的缓解中发挥有效作用，已有的研究有不同结论。沈等（Shen et al.，2009）对中国 363 家商业银行的调查资料进行实证分析发现，在金融体系发达、法制健全的制度环境中，商业银行是小微企业信贷的主体。黄阳华、罗仲伟

（2014）认为，银行贷款是劳动密集型小微企业最为重要的外源融资资金来源，但银行这种间接融资渠道的贷款满足不了小微企业的资金需求。徐细雄、林丁健（2014）则认为互联网金融为创新型企业融资提供了新的渠道，为解决小微企业融资难问题提供了新的思路和模式，P2P 网贷融资、众筹平台融资、大数据金融等成为互联网金融视角下小微企业融资的主要模式。李朝晖（2015）通过对 2012 年我国网络信贷行业的小微企业融资服务数据的分析，得出结论：网络借贷平台上有近半资金流向了小微企业，且每笔借贷资金成交额度小，融资服务效率高，是适应小微企业融资需求的便利通道。杨虎锋、何广文（2012）将单笔贷款余额作为衡量小额贷款公司为小微企业融资服务效率的替代变量，实证分析后发现小额贷款公司可以实现经济效益和社会效益的兼顾，将小微企业作为主要服务对象。

　　小微企业融资是个复杂的实践问题，各种融资服务机构属性各异，为小微企业提供融资服务的目标和存在的障碍各异。小微企业有不同特性，所处的宏观环境也各不相同，导致融资服务主体的资金供给与小微企业融资需求特点常常不相匹配，影响了小微企业融资需求满足度及融资困境缓解效果。为此，本书以小微企业融资需求满足度为切入点对小微企业展开调研，收集数据，考察商业银行、小额贷款公司、互联网金融、民间借贷等外源债务性资金供给对小微企业融资需求满足度的影响，这些资金在小微企业融资服务中表现出的偏好特征及与小微企业融资需求的契合性，思考在当前金融生态背景下提高小微企业融资需求满足度的对策，为政府制定行之有效的小微企业融资支持政策和市场融资服务主体供给契合小微企业融资需求的信贷服务提供实证参考。

6.1　新金融生态下主要外源债务性资金为
小微企业融资服务的现状

6.1.1　商业银行为小微企业融资服务现状

　　随着互联网金融的出现及我国金融监管机构"三个不低于"的信贷政策的实施，国有大银行面对小微企业广阔的市场及政府政策的激励，改变了偏好于向国有企业和资本雄厚的大型企业发放贷款的惯性做法，将金融资源延伸至小微企业，纷纷向小微金融倾斜力度。国有大银行相对较低的融资成本成为小微企业最希望获得的融资资金来源。但是近年来，随着宏观经济下行，小微企业面临生存困境，银行的小微企业贷款业务收益率低、坏账率高，成为银行业务中的"鸡肋"。大银行开始转向为融资租赁公司、政府产业基金、私募股权公司等影子银行提供配资业务。尽管如此，大银行有雄厚的资金、先进的贷款技术、严格的风险控制制度，至今仍是小微企业融资服务的主力军。银监会统计数据显示，最近几年国有银行小微金融贷款增速出现较大增长，2016 年银行业金融机构小微企业贷款余额 26.7 万亿元，同比增 13.82%，较上年增速提高 0.49 个百分点。[1]

相较于大银行，以城商行、农商行为主体的中小银行由于地域优势较易获得本地小微企业的软信息，而且决策程序简便高效，与小微企业融资需求的短、急、快特点相适应。而众多的小微企业在一定程度上也能弥补中小银行与大银行在争夺大中客户方面的劣势，小微企业成为中小银行理想的目标客户群。但是由于资本、人才、信息、技术上的弱势及与地方政府过于紧密的政治联系，城商行、农商行的小微企业贷款业务承受着较大的不良贷款压力。

6.1.2　互联网金融平台为小微企业融资服务现状

与商业银行相比，尽管存在风险控制难、贷款利率较高等问题，互联网金融平台仍因其提供的金融产品具有手续简便、资金到位及时等优势，适应了小微企业融资短、急、快的需求；而且强大的数据处理技术在一定程度上弥补了小微企业融资中的信息不对称，成为当前较为看好的小微企业融资渠道。支付宝、财付通等第三方支付平台，P2P 网贷平台，人人投、人人贷等众筹平台，供应链金融等众多的互联网金融融资模式在支持小微企业创新创业中发挥着积极作用。以 P2P 网贷平台为例，2016 年我国 P2P 行业全年市场成交量约 28049 亿元，比 2015 年上涨 137%，而 2009 年这一数字只有 1.5 亿元。[2]

然而，信用体系建设建设不完善、行业运作不规范、政府支持政策不对

---

① 投资者报：《小微贷款业务国有银行增速明显 民生招行负增长》，http：//finance. sina. com. cn/money/bank/bank_hydt/2017 - 12 - 27/doc - ifypyuvc7045171. shtml，2017 - 12 - 27。

② 前瞻产业研究院：《2016 年我国 P2P 网贷市场成交量及平台数量统计》，https：//bg. qianzhan. com/report/detail/459/170116 - 76b6eb15. html,2017 - 01 - 16。

口、未形成有聚集和辐射效应的核心平台等问题依然存在，影响了互联网金融为小微企业融资服务的能力。截至 2017 年末，尚在正常运营的 P2P 网贷平台仅剩 1539 家，占到历史累计上线平台的 27.9%；交易量虽在上升，但主要依靠现金贷，并不服务于实体经济。[①]

6.1.3 小额贷款公司为小微企业融资服务现状

我国的小额贷款公司是在政府大力提倡改善小微企业、"三农"融资环境的大背景下出现的。银监会和央行于 2008 年 5 月发布《关于小额贷款公司试点的指导意见》，专业性小额贷款公司被纳入正规金融制度后，小额贷款公司获得快速发展，被视为普惠金融载体，为改变小微企业不平等的融资境遇发挥了一定的作用。但是由于小额贷款公司管理水平、操作规范、治理结构等方面的缺陷，尤其是小额贷款公司定位不明确，信贷技术不完善，很多传统小贷公司面临生存困境，在小微企业融资服务中的作用日益减弱，较为活跃的网络小贷公司主要提供旅游、购物等生活服务类消费贷款。截至 2016 年末，全国共有小额贷款公司 8673 家，较 2015 年末减少 237 家，贷款余额 9273 亿元。[②] 尽管如此，小额信贷公司仍是我国正规的类银行金融机构。近年来，政府加强了对小贷机构的规范管理，与此同时小贷机构也积极寻求技术与战术变革，提升专业能力，寻找生存空间，小额信贷公司在小微企业融资服务体系中占有一席之地。

6.2 多元化融资渠道对小微企业融资需求满足度影响分析

6.2.1 指标选择

1. 衡量小微企业融资需求满足度的指标

已有的研究多从供给方面或需求方面寻找小微企业融资需求的满足程度

---

① 清华大学经管学院中国金融研究中心：《中国社会融资成本指数》，http：//www.sohu.com/a/223589658618580，2018 - 01 - 31。

② 中国人民银行：《2016 年小额贷款公司统计数据报告》，http：//www.gov.cn/xinwen/2017 - 01/25/content_5163525.htm，2017 - 01 - 25。

衡量指标。从需求方看，一般用融资可得性来衡量小微企业融资需求满足度，如企业短期借款和长期借款之和占总资产的比重（谭之博、赵岳，2012）、"是否获得银行贷款"（Cole，1998）。从供给方看，用一定时期内贷款金额或单笔贷款金额来表示银行、小贷公司、网贷平台等资金供给方对小微企业融资服务的积极性。本书认为，资金的供给和需求是相对应的，只有外源资金供给适应了小微企业融资需求特点，小微企业的融资困境才能真正得到缓解。鉴于上述考虑，本书将供给和需求结合起来，用一个年度内企业实际融资额占企业期望融资额的比例来表示小微企业融资需求满足度。

2. 影响小微企业融资需求满足度的因素

首先，各类资金可得性是影响小微企业融资需求满足度的关键因素。本书将小微企业资金来源分为大银行贷款（国有五大商业银行、全国性股份制银行、政策性银行）、中小银行贷款（城商行、农商行等）、小额贷款公司贷款、互联网金融借贷（含 P2P、众筹、第三方支付平台等）、非正规民间借贷、股权融资、债券融资、内源融资，重点考察几类外源债务性融资渠道对小微企业融资需求满足度的影响。由于能成功在资本市场进行股权融资、债券融资的小微企业很少，因此暂不考虑这两种融资来源，只以大银行贷款、中小银行贷款、小额贷款公司贷款、互联网金融借贷额、非正规民间借贷、内源融资额在企业当年实际融资总额中的占比作为表示企业资金可得性的指标。

其次，企业因素如经营状况、信用状况等影响着外源融资服务主体资金供给意愿，是决定企业融资满足度的内因。罗荷花、李明贤（2016）将企业特征、企业主基本特征、企业期望融资比率、企业信用状况等作为影响小微企业融资可得性的因素。本书选择企业行业性质（是否是高新技术行业，是为"1"，否为"0"）、企业规模（按照《中小企业划型标准规定》的划分标准，小型为"1"，微型为"0"）、企业所处的发展周期（至 2016 年底企业成立年限）、企业信用等级（无信用等级或 C 级为"1"，B 级为"2"，A 级为"3"，AA 级为"4"，AAA 级为"5"）、企业 2016 年净资产利润率作为影响企业融资需求满足度的企业因素。

再其次，企业所处的宏观环境也影响着企业融资需求满足度，姚耀军和董钢锋（2014）认为金融发展水平是影响中小企业融资可获得性的显著因素；罗荷花、李明贤（2016）将地区 GDP 作为地区因素的替代指标纳入模型分析其对小微企业信贷可得性的影响。由于地理位置的差异，不同地区经济发展水平、金融发达程度、信用体系建设完善程度等有较大的差异，从而对身处其间的小微企业的融资难易程度和融资成本带来一定的影响。因此，本书以企业所处的地区（东部沿海地区为"1"，否为"0"）和企业外源债务资金平均融资成本（2016 年度平均借贷利率）作为"企业所处宏观环境"的替代变量。

最后，企业与政府的关系，在相关研究中也称为企业的政治关系，是影响小微企业是否较易获得正规性外源融资资金的政策因素。郭丽婷（2014）通过实证分析得出民营企业的政治关系显著地影响企业信贷资金的可获得性。本书用两个指标表示影响企业融资需求满足度的政治关系：一是企业享受政府支持小微企业发展政策情况；二是企业资本中是否有政府背景的资金，如政府背景风投公司的投资等。

变量定义及统计量特征见表 6-1。

表 6-1　　　　　　　　　　变量定义及统计量特征

变量名称	定　义	平均值	标准差
企业融资需求满足程度（y）	企业年度实际融资额占融资需求额的比重（%）	0.486	0.073
大银行（四大商业银行、全国性股份制银行、政策性银行）贷款可得性（$bank$）	企业年度获得大银行贷款占实际融资总额的比例（%）	0.110	0.065
中小银行（城商行、农商行）贷款可得性（$sbank$）	企业年度中小银行贷款占实际融资总额比例（%）	0.148	0.059
小额贷款公司贷款可得性（$smallcre$）	企业年度小贷公司贷款占实际融资总额比例（%）	0.03	0.018
互联网平台贷款可得性（$itfin$）	企业年度互联网平台贷款占实际融资总额比例（%）	0.163	0.074
民间借贷可得性（$informal$）	企业年度民间借贷额占实际融资总额的比例（%）	0.155	0.078
内源融资可得性（$interfin$）	企业年度内源融资额占实际融资总额的比例（%）	0.183	0.023
行业性质（ind）	是否是高新技术行业，是为"1"，否为"0"	—	—
企业规模（$scale$）	按照《国家统计局关于印发统计上大中小微型企业划分办法的通知》的划分标准，小型为"1"，微型为"0"		

续表

变量名称	定　义	平均值	标准差
企业所处发展周期（*period*）	企业成立至 2016 年底年限	9.444	2.072
企业信用等级（*credit*）	无信用等级或 C 级为 "1"，B 级为 "2"，A 级为 "3"，AA 级为 "4"，AAA 级为 "5"	3.827	0.892
企业净资产利润率（*profit*）	企业年度净利润÷［（期初所有者权益＋期末所有者权益）÷2］	0.046	0.045
行业所处的地区（*place*）	是否东部发达地区，是为 "1"，否为 "0"	－	－
平均融资成本（*rate*）	企业获得外源债务资金的平均年利率（％）	0.157	0.014
企业享受政府各项支持政策情况（*policy*）	多（5），较多（4），一般（3），较少（2），少（1）	3.547	0.752
企业是否有政府资本背景（*state*）	有为 "1"，否为 "0"	－	－

6.2.2　模型设计

1. 外源融资渠道对小微企业融资需求满足度影响

由于银行、小贷公司、互联网金融、非正规民间借贷等外源债务性资金供给特点各异，使其对小微企业融资需求满足度的影响不同。为了解它们与小微企业融资需求的契合度，本书以小微企业融资需求满足度为被解释变量，以 2016 年小微企业各主要资金来源可得性、小微企业微观特征、所处的宏观环境、与政府的政治关系四个方面的因素为解释变量，探究外源债务性资金对小微企业融资困境缓解的贡献情况。

$$y = \alpha_0 + \alpha_1 bank_i + \alpha_2 sbank_i + \alpha_3 smallcre_i + \alpha_4 itfin_i + \alpha_5 informal_i$$
$$+ \alpha_6 interfin_i + \alpha_7 ind_i + \alpha_8 scale_i + \alpha_9 period_i + \alpha_{10} credit_i + \alpha_{11} profit_i$$
$$+ \alpha_{12} place_i + \alpha_{13} rate_i + \alpha_{14} policy_i + \alpha_{15} state_i + \mu_i \qquad (6.1)$$

2. 外源融资渠道对不同特征小微企业融资需求满足度的影响

为减少坏账风险，企业从事的行业、规模大小、所处周期、与政府的政治关系等都是资金供给方提供贷款时要考虑的因素之一。在融资市场上，规模小、行业风险大、处于发展初期的小微企业更难获得信贷资金，为此，国家近年出台了一系列措施引导金融机构、社会资本流向国家政策重点扶持、融资较困难的小微企业。那么，在政策的引导下，各融资渠道的小微企业融资服务实践是否契合了国家的政策导向，各类资金是否流向了应当获得支持的小微企业？为回答这一问题，本书分别将企业所处行业、所处周期、企业规模、企业是否有政府资本背景4个变量与企业获得国有大银行贷款、中小银行贷款、小额贷款公司贷款、互联网金融融资额、非正规民间借贷在融资总额中占比的交乘项引入模型（6.1），得到模型（6.2）、模型（6.3）、模型（6.4）、模型（6.5），通过比较考察各种外源信贷资金流向偏好，及该偏好是否与政府政策导向相一致，是否有利于缓解小微企业融资困境。

$$
\begin{aligned}
y = {} & \alpha_0 + \alpha_1 bank_i + \alpha_2 sbank_i + \alpha_3 smallcre_i + \alpha_4 itfin_i + \alpha_5 informal_i \\
& + \alpha_6 interfin_i + \alpha_7 ind_i + \alpha_8 scale_i + \alpha_9 period_i + \alpha_{10} credit_i + \alpha_{11} profit_i \\
& + \alpha_{12} place_i + \alpha_{13} rate_i + \alpha_{14} policy_i + \alpha_{15} state_i + \alpha_{16} ind_i \times bank_i \\
& + \alpha_{17} ind_i \times sbank_i + \alpha_{18} ind_i \times samllcre_i + \alpha_{19} ind_i \times itfin_i \\
& + \alpha_{20} ind_i \times informal_i + \mu_i
\end{aligned} \tag{6.2}
$$

$$
\begin{aligned}
y = {} & \alpha_0 + \alpha_1 bank_i + \alpha_2 sbank_i + \alpha_3 smallcre_i + \alpha_4 itfin_i + \alpha_5 informal_i \\
& + \alpha_6 interfin_i + \alpha_7 ind_i + \alpha_8 scale_i + \alpha_9 period_i + \alpha_{10} credit_i + \alpha_{11} profit_i \\
& + \alpha_{12} place_i + \alpha_{13} rate_i + \alpha_{14} policy_i + \alpha_{15} state_i + \alpha_{16} period_i \times bank_i \\
& + \alpha_{17} period_i \times sbank_i + \alpha_{18} period_i \times samllcre_i + \alpha_{19} period_i \times itfin_i \\
& + \alpha_{20} period_i \times informal_i + \mu_i
\end{aligned} \tag{6.3}
$$

$$
\begin{aligned}
y = {} & \alpha_0 + \alpha_1 bank_i + \alpha_2 sbank_i + \alpha_3 smallcre_i + \alpha_4 itfin_i + \alpha_5 informal_i \\
& + \alpha_6 interfin_i + \alpha_7 ind_i + \alpha_8 scale_i + \alpha_9 period_i + \alpha_{10} credit_i + \alpha_{11} profit_i \\
& + \alpha_{12} place_i + \alpha_{13} rate_i + \alpha_{14} policy_i + \alpha_{15} state_i + \alpha_{16} scale_i \times bank_i \\
& + \alpha_{17} scale_i \times sbank_i + \alpha_{18} scale_i \times samllcre_i + \alpha_{19} scale_i \times itfin_i \\
& + \alpha_{20} scale_i \times informal_i + \mu_i
\end{aligned} \tag{6.4}
$$

$$
\begin{aligned}
y = {} & \alpha_0 + \alpha_1 bank_i + \alpha_2 sbank_i + \alpha_3 smallcre_i + \alpha_4 itfin_i + \alpha_5 informal_i \\
& + \alpha_6 interfin_i + \alpha_7 ind_i + \alpha_8 scale_i + \alpha_9 period_i + \alpha_{10} credit_i + \alpha_{11} profit_i \\
& + \alpha_{12} place_i + \alpha_{13} rate_i + \alpha_{14} policy_i + \alpha_{15} state_i + \alpha_{16} state_i \times bank_i \\
& + \alpha_{17} state_i \times sbank_i + \alpha_{18} state_i \times samllcre_i + \alpha_{19} state_i \times itfin_i \\
& + \alpha_{20} state_i \times informal_i + \mu_i
\end{aligned} \tag{6.5}
$$

3. 新兴融资渠道对缓解小微企业融资困境的作用

据清华大学经济管理学院 2018 年 1 月底公布的《中国社会融资成本指数》统计，中国（企业）社会平均融资成本为 7.6%，银行贷款平均融资成本为 6.6%，小贷公司平均融资成本为 21.9%，互联网金融（网贷）平均融资成本为 21%。因此从融资成本看，银行贷款仍是小微企业最为青睐的外源债务资金，但鉴于严格的贷款条件和信贷资源的有限性，小微企业在与大中企业的融资竞争中处于劣势。在调研中小微企业纷纷反映企业融资困难主要表现为难以获得较低成本的银行贷款。基于上述认识，我们想了解在新金融生态下出现的小微企业融资新途径，如中小银行贷款、小额信贷公司贷款、网贷、众筹等，能否减轻或者替代小微企业对传统大银行信贷的依赖，在缓解小微企业融资困境中发挥实质性作用。为此设立模型（6.6），以小微企业在 2016 年度获得的大银行贷款占融资总额的比例（*bank*）为被解释变量，以企业在 2016 年度获得的中小银行贷款占比（*sbank*）、小贷公司贷款额占比（*smallcre*）、互联网金融平台贷款额占比（*itfin*）、民间借贷占比（*informalfin*）、内部融资额占比（*interfin*）为解释变量，以企业所处行业（*ind*）、所处周期（*period*）、企业规模（*scale*）、所在地区（*place*）、信用等级（*credit*）、利润率（*profit*）、是否有政府资本背景（*state*）、企业享受的优惠政策（*policy*）为控制变量，着重考察新兴融资方式在缓解小微企业融资困境中的作用。

$$bank = \alpha_0 + \beta_1 sbank_i + \beta_2 smallcre_i + \beta_3 itfin_i + \beta_4 informal_i$$
$$+ \beta_5 interfin_i + \gamma_i \sum X_i \tag{6.6}$$

其中，X_i 为各控制变量。

6.2.3　数据来源

以《中小企业划型标准规定》中关于小微企业的界定确定调查对象，调研地区兼顾东、中、西部的分布。由于制造业小微企业的融资困境比其他行业的小微企业更严重，我们选择的调研对象全部为制造业小微企业。2017 年 7 ~ 12 月，我们对福建福州、泉州，浙江宁波、温州，以及江苏苏州、湖北武汉、四川成都、陕西西安成立年限在 5 年以上的财务制度健全的 600 家制造业小微企业发放调查问卷。问卷内容由三个部分组成：一是企业的基本特征数据和 2015 年、2016 年度主要财务数据；二是 2015 年、2016 年企业享受政府补贴、政策优惠等情况；三是关于企业融资需求满足情况的调查。包括企业 2016 年融资需求总额；从银行、小额贷款公司、互联网金融各类平台、非正规民间借贷获得的资金数额；企业是否参与中小企业集合债融资；是否有成功的股权融资；内源融资额等。回收问卷 548 份，剔除数据不完整、回答存在明显矛盾、年净资产利润率为负的问卷，满足研究数据需要的有效问卷为 473 份，有效率为 86%。其中，福州 65 家、泉州 61 家、宁波 67 家、温州 63 家、苏州 56 家、武汉 62 家、成都 54 家、西安 45 家；小型企业 161 家、微型企业 312 家；高新技术制造企业 178 家、非高新技术制造企业 295 家。

6.2.4　实证结果分析

对 6 个模型中出现的变量分别进行相关性检验，变量间相关性系数均低于 0.5，相关性较低，适合进行回归分析。

1. 各因素对小微企业融资需求满足度影响不一

模型（6.1）的分析结果（见表 6-2）显示：

第一，从几种外源债务性资金可得性对企业融资需求满足度的影响看，银行贷款可得性是影响小微企业融资需求满足度的显著因素。其中，大银行贷款的作用系数（0.4321）大于中小银行，虽然样本企业大银行贷款额占融资总额比值的平均数只有 11%，低于中小银行的 14.8% 和互联网金融平台的 16.3%，但凭借较低利率、雄厚资金实力及在融资市场上的影响力，其贷款对小微企业融资满足度贡献最大。近些年出现的小额贷款公司、互联网金融平台被认为是适应小微企业需求特点的新融资途径，但是实证结果显示，它们对小微企业融资需求满足度影响不显著。这与其融资成本高、业务重心偏离小微企业、经营不规范、可贷资金实力不强有关。此外，非正规民间借贷数额占比与小微企业融资需求满足度成反向关系，高利率、低信用的民间借贷尽管是很多小微企业急需资金时常用的融资途径，但是不是企业认可的理想融资途径，需引导民间信贷资金通过中小银行、互联网金融等规范途径服务于小微企业。

第二，从企业特征看，具有高新技术背景、良好信用、较强规模实力的小微企业为各融资服务机构所青睐，对融资需求满足度有正向影响。

第三，从宏观环境看，地理位置对小微企业融资需求满足度影响不显著，从一个侧面说明了小微企业融资难是普遍现象，与企业所处的地区关系不大。但是实证结果同时显示，平均借贷利率高的地区小微企业更易融到资金，这从另一个侧面反映出我国小微企业信用体系不完善，小微企业只有依靠高借贷利率才能融到需要的资金，但是高融资成本又会增大企业经营成本，阻碍企业发展。

第四，从政治关系看，目前支持小微企业发展的政策对缓解其融资困境影响不显著，但是小微企业的政府资本背景增强了企业信用，对提高各渠道来源资金的可得性有显著的促进作用，与企业融资需求满足度成正向关系。

表6-2　　　　模型（6.1）中各因素对小微企业融资需求满足度影响情况
（被解释变量为 y）

解释变量	系数	对应 P 值	解释变量	系数	对应 P 值
bank	0. 4321 ***	0. 000	*ind*	0. 0202 ***	0. 000
sbank	0. 3113 ***	0. 000	*scale*	0. 0098 **	0. 020
smallcre	0. 0954	0. 209	*period*	0. 0006	0. 330
itfin	− 0. 0831	0. 112	*credit*	0. 0098 ***	0. 000
informal	− 0. 0939 **	0. 046	*profit*	− 0. 0019	0. 939
interfin	0. 0582	0. 230	*place*	0. 0026	0. 226
rate	0. 3665 ***	0. 007	*policy*	− 0. 0029	0. 247
state	0. 0118 ***	0. 004	常数项	0. 303 ***	0. 000
obs = 473		R − squared = 0. 8964		Prob > F = 0. 0000	

注：***、**、*分别表示在1%、5%、10%水平下显著。

2. 不同融资渠道对小微企业融资服务具有偏好性

将样本企业行业特征（*ind*）、行业所处周期（*period*）、规模（*scale*）、是否有政府背景（*state*）与小微企业各外源债务性资金在融资总额中占比的交互项分别引入模型（6.1），得到模型（6.2）、模型（6.3）、模型（6.4）、模型（6.5），4 个模型的 R^2 分别为 0.9070、0.8990、0.9055、0.9071，Prob > F = 0.0000，模型拟合度好。从表6-3得出以下结论：

（1）大银行贷款对有高新技术背景的小微企业融资困境缓解有正向影

响。模型（6.2）中，企业行业特性与其 2016 年从大银行得到的贷款总额占比的交互项（$ind \times bank$）的系数为正，且在 5% 水平下显著；行业特性与小贷公司贷款额占比、互联网平台贷款占比的交互项（$ind \times smallcre$、$ind \times itfin$）系数为负，在 1% 水平下显著，说明具有高新技术背景的小微企业易获得大银行的贷款，也表明大银行信贷资金对小微企业融资具有行业偏好。供给侧结构性改革的核心是创新驱动，大银行信贷资金的行业偏好适应了国家产业政策的要求。无高新技术背景的小微企业只好通过小额信贷、网贷等新兴融资途径来满足其融资需求；非正规民间信贷对小微企业没有明显的行业偏好。

（2）大银行贷款对成立期限较长的成熟小微企业融资困境缓解有正向影响。模型（6.3）中样本企业成立年限与从大银行得到贷款占比的交互项（$period \times bank$）的系数为正，并在 10% 水平下显著。而其他的外源债务性资金对小微企业的融资服务周期偏好不显著。

（3）不同来源的外源债务性资金对不同规模的小微企业融资需求的影响呈现出互补性。从模型（6.4）各交互项系数作用方向及显著性可以看到：大银行贷款偏向于规模较大的小型企业，其信贷资金对小型企业融资需求满足度的影响高于微型企业。小贷公司、互联网贷款平台、民间信贷仍是微型企业常用的外源融资渠道，虽然年贷款利率高达 20% 左右，仍对小微企业融资需求满足度产生一定影响。

（4）银行贷款对国有背景小微企业融资困境的缓解有显著的正效应。模型（6.5）中大银行、中小银行与"有无国有背景"（$state$）交互项系数为正，小贷公司、网贷公司、民间信用贷款占比与"有无国有背景"（$state$）的交互项系数为负。说明国有背景在一定程度上提升了小微企业的信用，使得银行更愿意为其提供贷款，银行贷款对其融资需求满足的贡献高于其他来源的资金；无国有背景的大量小微企业则转而向小贷公司、网贷公司、民间信贷等寻求融资。

总之，各外源债务性融资渠道对不同行业、周期、规模、资本特征的小微企业融资需求满足度的影响并不相同。其中大银行贷款对小微企业融资支持有着较为严苛的行业、规模、周期、资本背景选择，只有与其偏好相适应的小型企业获得融资支持的机会比较大。一旦获得融资，大银行成熟规范的贷款流程、较低的贷款利率会对小微企业融资困境的缓解产生较大的作用。而相较于大银行，中小银行没有表现出明显行业、规模、周期、资本组成偏向，对小微企业的资金供给更为"平民化"。从对小微企业融资需求的满足程度看，小贷公司、互联网金融平台在贷款对象的行业、规模、周期、资本特征的选择上，与银行贷款形成互补关系，非正规民间借贷对小微企业融资需求满足度影响不显著，要引导民间资本透过正规的融资服务中介为小微企业提供融资服务。

表6-3　　　　不同融资渠道服务于小微企业偏好差异（被解释变量为 y）

解释变量	模型（6.2）		模型（6.3）		模型（6.4）		模型（6.5）	
	系数	对应 P 值	系数	对应 P 值	系数	对应 P 值	系数	对应 P 值
bank	0.3507 ***	0.000	0.0782	0.686	0.3304 ***	0.000	0.3805 ***	0.000
sbank	0.3285 ***	0.000	0.1605	0.28	0.3421 ***	0.000	0.3103 ***	0.000
smallcre	0.2691 ***	0.001	0.106	0.749	0.2167 ***	0.009	0.1612 **	0.032
itfin	0.0011	0.985	-0.4405 *	0.084	0.0135	0.816	-0.0605	0.24
informal	-0.1037 *	0.055	0.0601	0.779	-0.1052 ***	0.006	-0.1227 ***	0.008
interfin	0.502	0.28	0.0718	0.138	0.0798 *	0.088	0.059	0.203
ind	0.0328 ***	0.000	0.0206 ***	0.000	0.0200 ***	0.000	0.0206 ***	0.000
scale	0.0068 *	0.095	0.0097 **	0.023	0.0093 **	0.033	0.0113 ***	0.005
period	-0.0001	0.918	-0.0098	0.156	0.0002	0.7	0.0001	0.825
credit	0.0130 ***	0.000	0.0097 ***	0.000	0.0109 ***	0.000	0.0099 ***	0.000
profit	-0.0793	0.75	-0.0054	0.835	-0.0052	0.836	-0.0109	0.663
place	0.0036 *	0.078	0.0022	0.296	0.0032	0.122	0.0027	0.193
rate	0.3624 ***	0.005	0.3922 ***	0.004	0.3242 **	0.013	0.2700 **	0.042
policy	-0.009	0.716	-0.0029	0.25	-0.0001	0.979	-0.0023	0.334
state	0.0045	0.267	0.0119 ***	0.003	0.0049	0.229	0.1279 ***	0.01
ind × bank	0.1650 **	0.037	–	–	–	–	–	–
ind × sbank	-0.0017	0.98	–	–	–	–	–	–
ind × smallcre	-0.5973 ***	0.001	–	–	–	–	–	–
ind × itfin	-0.3026 ***	0.006	–	–	–	–	–	–
ind × informal	0.2013	0.144	–	–	–	–	–	–
period × bank	–	–	0.0373 *	0.067	–	–	–	–
period × sbank	–	–	0.0151	0.325	–	–	–	–
period × smallcre	–	–	-0.0021	0.952	–	–	–	–
period × itfin	–	–	0.0379	0.147	–	–	–	–
period × informal	–	–	-0.016	0.478	–	–	–	–
scale × bank	–	–	–	–	0.2230 ***	0.006	–	–
scale × sbank	–	–	–	–	-0.0499	0.491	–	–

解释变量	模型（6.2）		模型（6.3）		模型（6.4）		模型（6.5）	
	系数	对应 P 值	系数	对应 P 值	系数	对应 P 值	系数	对应 P 值
scale × smallcre	—	—	—	—	− 0.3042 *	0.091	—	—
scale × itfin	—	—	—	—	− 0.3397 ***	0.003	—	—
scale × informal	—	—	—	—	− 0.2446 **	0.013	—	—
state × bank	—	—	—	—	—	—	0.4357 ***	0.000
state × sbank	—	—	—	—	—	—	0.3249 **	0.044
state × smallcre	—	—	—	—	—	—	− 0.8511 ***	0.002
state × itfin	—	—	—	—	—	—	0.2897	0.135
state × informal	—	—	—	—	—	—	0.4599	0.211
常数项	0.2758 ***	0	0.3961 ***	0	0.2873 ***	0	0.3239 ***	0

注：*** 、** 、* 分别表示在 1%、5%、10% 水平下显著。

3. 新兴融资渠道有助于缓解小微企业对银行贷款的依赖性

模型（6.6）以样本企业 2016 年大银行贷款占比为被解释变量，回归分析结果（见表 6 - 4）显示：小微企业中小银行贷款、小贷公司贷款、互联网平台贷款额在实际融资额中占比与被解释变量呈反向替代关系，且在 1% 水平下显著。这意味着随着中小银行的发展壮大、小贷公司和网贷平台贷款管理规范及贷款利率的降低，小微企业将会减轻对国有大银行贷款的依赖，逐步摆脱在融资市场上与大中企业正面竞争的劣势地位，从而实现有效缓解融资困境。

表 6 - 4   新兴融资渠道贷款与大银行贷款的替代性分析（被解释变量为 *bank*）

解释变量	系数	对应 P 值	控制变量	系数	对应 P 值
sbank	− 5.1223 ***	0.000	ind	0.1405 **	0.019
smallcre	− 4.5785 ***	0.000	scale	0.1826 ***	0.003
itfin	− 3.6245 ***	0.000	period	− 0.0133	0.116
informal	− 1.0196	0.146	credit	0.2335 ***	0.000
interfin	− 0.6037	0.402	profit	− 0.2863	0.461
常数项	3.5064	0.000	place	0.0327	0.309
			policy	0.1913 ***	0.000
			state	0.1957 ***	0.001
obs = 473		R − squared = 0.7669		Prob > F = 0.0000	

注：*** 、** 、* 分别表示在 1%、5%、10% 水平下显著。

6.2.5　稳健性检验

在前述分析中，用企业获得的各渠道资金融资额占 2016 年总融资额之比作为衡量企业各类资金可得性的指标，这是一个数量指标。实际上，融资可得性还与企业的主观感受相关，有时给企业带来资金数量多的融资渠道并不一定表示其对缓解企业融资困难的贡献就大。因此，为验证模型（6.1）至模型（6.5）得出结论的稳定性，我们将样本企业关于大银行、中小银行、小贷公司、互联网金融、民间借贷、内部融资对缓解样本企业融资困难作用的主观感受值（作用强为 5、较强为 4、一般为 3、较弱为 2、弱为 1）带入模型（6.1）、模型（6.2）、模型（6.3）、模型（6.4）、模型（6.5）的变量 $bank$、$sbank$、$smallcre$、$itfin$、$informal$、$interfin$ 中，对模型（6.1）至模型（6.5）进行重新回归。回归主要结果在表 6 - 5 和表 6 - 6 中，发现各主要变量系数的显著性和作用方向没有发生改变，只有表 6 - 2 中的 $rate$ 变量显著而在表 6 - 5 中不显著，表 6 - 3 中 $indsbank$ 交互项不显著而在表 6 - 6 中变得显著，但不改变前述结论。

对于模型（6.6），采用删除相关控制变量后回归的方法进行检验，发现本书重点检验变量的系数显著性和作用方向没有发生改变，结论有稳定性。

表 6 - 5　　　　解释变量替换后模型（6.1）中各因素对小微企业融资需求满足度影响（被解释变量 y）

解释变量	系数	对应 P 值	解释变量	系数	对应 P 值
$bank$	0.0271 ***	0.000	ind	0.0248 ***	0.000
$sbank$	0.0261 ***	0.000	$scale$	0.0195 **	0.000
$smallcre$	0.0020	0.523	$period$	0.0006	0.330
$itfin$	− 0.0072 **	0.032	$credit$	0.0233 ***	0.000
$informal$	− 0.0137 **	0.044	$profit$	− 0.0062	0.835
$interfin$	− 0.0030	0.287	$place$	0.0001	0.861
$rate$	− 0.0227	0.880	$policy$	0.0016	0.560
$state$	0.0015 *	0.054	常数项	0.2154 ***	0.000
obs = 473		R − squared = 0.8663		Prob > F = 0.0000	

注：***、**、* 分别表示在 1%、5%、10% 水平下显著。

表 6 - 6　　　　　　　不同融资渠道服务于小微企业偏好差异

模型 (6.2) 被解释变量 y		模型 (6.3) 被解释变量 y		模型 (6.4) 被解释变量 y		模型 (6.5) 被解释变量 y	
解释变量	系数与对应 P 值	解释变量	系数与对应 P 值	解释变量	系数与对应 P 值	解释变量	系数与对应 P 值
$ind \times bank$	0.0243 *** (0.000)	$period \times bank$	0.0005 * (0.065)	$scale \times bank$	0.0205 *** (0.001)	$state \times bank$	0.0153 * (0.051)
$ind \times sbank$	0.0114 ** (0.040)	$period \times sbank$	0.0008 (0.460)	$scale \times sbank$	- 0.0035 (0.531)	$state \times sbank$	0.0062 ** (0.049)
$ind \times smallcre$	- 0.0038 * (0.058)	$period \times smallcre$	0.0001 (0.957)	$scale \times smallcre$	- 0.0069 ** (0.027)	$state \times smallcre$	- 0.0111 ** (0.023)
$ind \times itfin$	- 0.0132 ** (0.048)	$period \times itfin$	- 0.0008 (0.644)	$scale \times itfin$	- 0.0071 ** (0.031)	$state \times itfin$	0.0052 (0.648)
$ind \times informal$	- 0.0156 ** (0.018)	$period \times informal$	- 0.0025 (0.162)	$scale \times informal$	- 0.0127 * (0.072)	$state \times informal$	- 0.0147 (0.180)

注：*** 、** 、* 分别表示在 1%、5%、10% 水平下显著。

6.3　结论与建议

实证对比几种融资渠道资金对小微企业融资需求满足度影响程度发现：第一，银行贷款是最让小微企业满意的融资渠道，小微企业对国有大银行贷款有较强的依赖性，但是国有大银行贷款的行业、规模、周期、资本构成偏好使小微企业在与大中企业的信贷竞争中不占优势。第二，中小银行、小贷公司、互联网金融平台与大银行在贷款数量上存在替代关系，在贷款企业的行业、规模、周期、资本特征的选择上与大银行贷款形成互补关系，是适应小微企业特点的融资渠道。但是由于规模、利率、管理等原因，对小微企业融资需求满足度影响不显著。第三，政府支持小微企业发展的政策在改善小微企业融资困境中作用不显著，企业信用等级对小微企业融资需求满足度有正向影响。基于上述结论，本书认为在新经济环境中缓解我国小微企业融资困境除企业自身的努力外，关键在于政府、市场融资服务主体提供适应小微企业融资需求特点的信贷政策和信贷服务。

6.3.1　银行信贷服务要适应小微企业融资需求特点

银行贷款当前还是小微企业融资的首选，优化针对小微企业的信贷服务是大银行和中小银行更好服务于小微企业融资的关键。一是使提供的信贷产品符合小微企业融资需求特征。适当扩大小微企业抵押质押物范围；扩大信用贷款的受众面，尝试以企业正常运转时现金流来确定信用贷款额度；允许经营正常但遭遇临时资金困难的企业可以直接转贷等。二是使信贷经营机制迎合小微企业的特征。实现小微企业贷款规模化和综合化服务，如面向科创小微企业实行投贷联动、设立财富管理子公司、涉足互联网金融服务；建立全面的风险管理体系，化解小微企业贷款业务出现的不良贷款，如加快信贷资产流转，通过转让收益权、核销债务、债转股、重组债务等市场化方式消化不良信贷资产存量，运用贷款重组、收回再贷等方式降低不良贷款增量；利用互联网和大数据技术，建立和优化小微企业信贷平台，减轻借贷双方信息不对称；建立有别于一般企业贷款的小微企业贷款业务的绩效考核机制等。三是对信贷对象的选择顺应国家产业政策要求。银行要提高政策敏感性，小微企业贷款策略要紧跟国家政策变化，发挥银行贷款对小微企业科技创新的推动作用。

6.3.2　政府要激励民间资本在小微企业融资市场中合法、规范运作

新金融背景下，小贷公司、互联网金融、民间借贷是满足小微企业融资需求的必要补充，资金均主要源于民间资本，需要政府加以引导，才能更好地在缓解小微企业融资困境中发挥作用。一是要解除对民间资本的管制壁垒。将降低设立民营银行的门槛和加强风险管控相结合，为民间资本合法进入中小微企业融资市场创造条件，引导民间资本走规模化、专业化、规范化发展道路。二是在做好风险管控的前提下，尝试改变"只贷不存"政策给小贷机构服务小微企业积极性带来的负面影响，增强民营小贷公司经营活力。鼓励小贷公司加强与银行的合作，加强营销能力、流程设计能力，改进风险管理技术，防范高息带来的高风险，在小微企业融资服务上与银行形成互补。三是加强对互联网金融的小微企业融资业务的规范与监管。互联网金

融平台实现了资金供给方和需求方的直接对接，且平台运营成本低，在小微企业融资服务中的作用不可替代。但存在贷款利率高企、经营运作不规范、风险高等问题，需要各级政府继续完善互联网金融管理法规，加强监督和风险管控，激励其为小微企业提供有效融资服务。

6.3.3 政府要营造有利于小微企业融资的宏观环境

一是构建激励金融机构支持小微企业融资的政策环境，如提供小微企业贷款风险补偿，小微企业贷款信用保险、税前扣除，加大政策性担保在小微企业贷款中的作用，允许单独审核不良贷款等，减少金融机构对小微企业贷款的风险顾虑。二是加强企业信用体系建设，优化信用环境，如建立小微企业信用信息库，严厉打击小微企业失信行为，创建良好的信用文化氛围。三是为小微企业提供全方位的金融服务，如建立多功能的金融服务平台，建立小微企业辅导培育长效机制，引导小微企业规范持续发展。

6.3.4 小微企业要增强自身融资实力

小微企业融资资金供给者是市场主体，对贷款对象的规模、行业、周期等选择偏好是出于自身利益的自然行为，而且国家政策对小微企业融资支持也带有政策偏向，因此只有符合要求的小微企业才能在融资市场上占据先机。从这个意义上说，小微企业自身实力的增强和信用等级的提高是解决融资难问题的根本。一方面，小微企业制定的发展战略要自觉服从国家的政策导向，将转型升级作为企业持续发展的根本，保持较强的市场竞争力。另一方面，要强化企业信用意识，完善财务管理制度，严格履行债务，提高企业信用度，以降低融资成本和获得更多的外源融资支持。

第 7 章

中小企业融资服务体系中政府和
市场作用有效发挥的环境保障

政府与市场在中小企业融资服务中职能边界的合理界定和作用的有效发挥需要制度与政策的保障，如技术环境的支持、管理体制的完善、人才智慧的支撑等，这些构成了支持中小企业发展的外部环境及中小企业融资困境改善的前提条件。没有这些外部支持，合理界定政府和市场在中小企业融资服务中的作用只是空中楼阁，无法落到实处。因此，在新的经济形势下，需要"坚持推进改革，营造环境。充分发挥市场在资源配置中的决定性作用，提高政府管理与公共服务能力，降低企业成本、减轻企业负担，营造更加有利于中小企业的发展环境"。①

7.1 财政政策环境

归根结底，政府在中小企业融资服务体系的职能发挥需要财力的支持，市场愿意为中小企业提供融资服务也需要政府财税政策的激励，所以良好的财政政策环境可以为政府与市场在中小企业融资服务体系中有效行使职能和合理界定作用边界提供经济基础。

---

① 《工业和信息化部关于印发的〈促进中小企业发展规划（2016～2020年）〉的通知》，http：//www. miit. gov. cn/n1146285/n1146352/n3054355/n3057267/n3057273/c5390662/content. html，2016－07－05。

7.1.1　我国支持中小企业融资的财政政策

1. 设立中小企业发展专项基金

2002 年《中小企业促进法》颁布后，我国依法设立了中小企业发展专项资金，属于中央财政预算资金。虽然《中小企业发展专项资金管理暂行办法》几经调整，但是为中小企业服务的初衷不变，主要用于支持中小企业特别是小微企业的专业化发展、支持中小企业技术创新、改善中小企业发展环境、建设中小企业公共服务平台、促进与大企业的协调配套等。国家和地方政府每年从财政预算中列支百亿元用于扶持中小企业科技创新、节能减排、产业发展、转型升级、研究开发等。2016 年中央财政下达的中小企业发展专项资金共 853200 万元。① 2015 年 9 月国务院发布了设立国家中小企业发展基金的决定，基金的性质为政策性基金，按市场化原则操作，重点支持种子期、初创期成长型中小企业发展。《中小企业促进法修订草案》中也规定县级以上地方人民政府可以根据实际情况设立中小企业发展基金，具体的实施细则等正在制定中。政府财政资金在缓解中小企业融资困难中发挥着积极作用。

2. 政府采购促进中小企业发展

在我国的《中小企业促进法》中有"政府采购应当优先安排向中小企业购买商品或者服务"的规定，但是规定的操作性不够强。2012 年初我国颁布《政府采购促进中小企业发展暂行办法》，将指标细化，要求"各级预算安排不低于年度政府采购项目预算总额 18% 的份额专门面向小型微型企业采购。在政府采购评审中，对小型微型企业产品视不同行业情况给予 6%到 10% 的价格扣除。鼓励大中型企业与小型微型企业组成联合体共同参加政府采购，小型微型企业占联合体份额达到 30% 以上的，可给予联合体 2%~3% 的价格扣除。"与此同时，政府采购信用担保开始试点，为小型微型企业参与政府采购提供投标担保、履约担保和融资担保等服务。根据财政部的统计数据，2016 年全国政府采购规模为 31089.8 亿元，政府采购合

---

① 中华人民共和国财政部经济建设司：《2016 年中小企业发展专项资金分配结果》，http://jjs. mof. gov. cn/zxzyzf/zxqyfzzxzj/201607/t20160715_2359467. html，2017 – 03 – 22。

同授予中小微企业的总采购额为 24036.2 亿元，占全国政府采购规模的 77.3%。其中，授予小微企业的采购额为 10193.9 亿元，占授予中小微企业总采购额的 42.4%。①

3. 设立创业投资引导基金

创业投资引导基金是由地市级以上政府部门设立，按照市场化运作的政策性资金，扶持初创期中小企业，弥补市场创投资金投资于成长期、成熟期和重点建设企业而出现的资金缺口。从 2002 年我国第一支政府引导基金——中关村创业投资引导资金设立以来，经过十多年的发展，创业投资引导基金成为缓解高新技术中小企业融资困难的一支重要力量。从 2014 年开始，中国各类政府引导基金就呈现喷涌发展的趋势，根据赛迪数据显示，2016 年全年新成立的政府引导基金 442 家，目标募集金额超过 3.6 万亿元。②

4. 出台缓解中小企业资金困难的税收政策

近年来，我国出台了一系列支持中小企业尤其是小微企业发展的税收政策。一是对中小微企业的税收优惠。自 2011 年 11 月 1 日起，提高个体工商户增值税和营业税起征点，2013 年 8 月初开始对部分小微企业暂免征收营业税和增值税；对符合条件的小型微利企业减半征收企业所得税；将小微企业借款合同免征印花税、月销售额不超过 3 万元的小微企业免征增值税两项政策优惠期限延长至 2020 年；免收小微企业税务发票工本费等。二是对金融机构的小微企业的贷款业务给予税收优惠。2013 年以来，国务院出台一系列差异化支持政策，引导金融机构为小微企业提供融资服务。在 2017 年 9 月 27 日李克强总理主持召开的国务院常务会议上，提出从 2017 年 12 月 1 日到 2019 年 12 月 31 日，将金融机构利息收入免征增值税政策范围由农户扩大到小微企业、个体工商户，享受免税的贷款额度上限从单户授信 10 万元扩大到 100 万元。目前，大约有 60%~70% 的小微企业能享受到税收优惠，还有超过 30% 的小微企业因为不了解政策没有享受到；截至 2017 年 6

---

① 《财政部 2016 年全国政府采购简要情况》，http：//www. mof. gov. cn/mofhome/guokusi/redianzhuanti/zhengfucaigouguanli/201708/t20170824_2683523. html，2017 – 08 – 25。

② 《创投再见春天？3.6 万亿政府引导基金点爆投资圈》，http：//money. 163. com/17/0225/13/CE4GPTOO002581PP. html，2017 – 02 – 25。

月末，小微企业贷款余额 22.6 万亿元，是 2012 年末的 1.95 倍，占全部企业贷款的 32%。[①]

但是，财政政策的效果仍有不尽人意之处。一是有的政策没有向中小企业倾斜。例如，在《政府采购促进中小企业发展暂行办法》中明确规定，"鼓励大中型企业和其他自然人、法人或者其他组织与小型、微型企业组成联合体共同参加非专门面向中小企业的政府采购活动。"但在实践中查阅《政府采购项目公开招标公告》会发现，许多招标公告中要求采用"单一来源采购方式"或"不接受联合体投标"，这实际上阻断了中小企业借助联合招标参与政府采购的途径，将中小企业拒之门外。二是部分政策缺少现实适应性、操作性。例如，很多地方政府制定了《政府采购支持中小企业信用融资试点办法》，但是由于政府采购信用融资所涉及的款项"短、频、快、少"，银行从自身利益出发不愿配合，反而更倾向于贷款给大客户，好心帮了倒忙。三是存在政策干预过度问题。例如，大量政府引导资金进入创业投资领域，超过目前市场上的创业投资机构的投资总额，2016 年政府引导基金达数万亿元，创投市场的总投资金额还不到 450 亿美元（根据 CVSource 投中数据终端统计），政府资金过多或对私人投资产生"挤出效应"，或引导不当引发新的投资泡沫。因此要注重对财政政策支持中小企业融资的适度性的研究，改进财政政策对中小企业融资的支持方式，发挥财政"四两拨千斤"的作用。

7.1.2 完善支持中小企业融资的财政政策环境

1. 突出财政资金支持重点

中小企业数量众多，但是政府财政资金有限，如果资金安排过于分散，会影响资金的使用效果。因此在普惠性的基础上，多关注有创新意识和能力、处于创业阶段的中小企业，支持中小企业的创业、创新项目和活动，多资助融资困难的企业而不是成功企业。

2. 继续清理不合理的行政收费以降低中小企业税负

我国中小企业的税费负担不仅来自于税收，更来自于形式多样的政府性

---

① 《李克强主持召开国务院常务会议，听取推进中央企业重组整合工作汇报等》，http://www.gov.cn/guowuyuan/2017 –09/27/content_5228004.htm，2017 – 09 – 27。

收费和较重的税收遵从成本，因此当前降低中小企业运营成本，不仅要进一步减税，更要简化征税流程和政府行政性收费。正如《促进中小企业法修订草案》中所述，"国家实行有利于小型微型企业发展的税收政策，简化小型微型企业发展的税收政策，简化小型微型企业税收征管程序，降低小型微型企业税收负担……继续推进费改税和废除不合理的收费，进一步降低企业负担。"

近年来通过减税降费来缓解中小企业资金缺口成为中央政府支持中小企业发展的措施之一。2017 年政府工作报告和 2017 年中央政府预算报告，涉及减税降费的篇幅超过以往，政府在报告中承诺 2017 年要为企业减税 3500 亿元左右、减费约 2000 亿元，释放出政府降低企业成本、助力实体经济的坚定决心。

3. 落实政府采购为中小企业服务政策

一是进一步完善政府采购的程序，保证政府采购的透明性。如在政府门户网站上为中小企业更多参与政府采购提供信息和指导，帮助中小企业用足用好政府采购政策，帮助企业处理招投标事宜和合同纠纷；定期公布面向中小企业的政府采购数据。二是政府采购部门要加强对招标公告的审查，尽可能减少"单一来源采购方式"或"不接受联合体投标"的招标公告。三是细化选择标准，明确能够享受政府优先安排的企业的标准。四是中央银行应鼓励商业银行支持"中小企业政府采购信用融资"，对商业银行给予中小企业的政府采购信用融资额度实行差别准备金率，给予一定的财政贴息。

7.2　金融政策环境

7.2.1　我国支持中小企业融资的金融政策

中小企业融资活动属于金融范畴，适度的金融政策既能激励银行等金融机构加大创新力度，把中小企业作为重点服务对象，积极开发针对中小企业融资的新业务；又能引导和鼓励更多资本流向中小企业，支持中小企业的创新活动和经营活动，增强其获得外源资金的实力。近年来，国务院、银监会、各级商业银行做了很多努力缓解中小企业融资难和融资贵。

1. 要求和激励金融机构从事小微企业贷款业务

一是对国有及国有控股的金融机构增加发放中小企业贷款的考核指标。在 2009 年的《金融类国有及国有控股企业绩效评价实施细则》中明确要求"发放中小企业贷款达到一定比例的金融企业可享受不同程度的绩效评价加分。其中，中小企业贷款占比超过 20% 加 1 分，超过 25% 加 1.5 分，超过 30% 加 2 分，超过 35% 加 2.5 分，超过 40% 加 3 分。2011 年修订后的《金融企业绩效评价办法》也重申了上述加分政策，目前 60% 的金融机构加分达到 3 分。二是放宽了中小企业贷款呆账核销的条件。2009 年国务院要求放宽金融机构对中小企业贷款的核销条件，2010 年将该政策明确为支持中小企业融资的中长期制度，2013 年进一步完善金融企业呆账核销的政策，在简化程序、扩大金融机构自主核销权方面，对小微企业不良贷款的核销给予支持。三是 2014 年授权金融机构对符合一定条件的中小企业贷款进行重组和减免，允许金融机构对债务进行展期或延期、减免表外利息后，进一步减免本金和表内利息。① 四是 2017 年对单户授信 500 万元以下的小微企业贷款、个体工商户和小微企业主经营性贷款及农户生产经营、创业担保等贷款增量或余额达到一定比例的商业银行实施定向降准，并适当给予再贷款支持。②

2. 增强中小企业融资担保机构服务能力

从 2010 年的《关于地方财政部门积极做好融资性担保业务相关管理工作的意见》和《融资性担保公司管理暂行办法》到 2015 年国务院《关于促进融资担保行业加快发展的意见》，政府的金融政策有针对性地加大对融资担保业的扶持力度，鼓励发展以小微企业和"三农"为服务对象的新型融资担保行业，提高融资担保机构服务能力，推动大众创业、万众创新。

3. 优化对小微企业的金融服务

2013 年以来银监会连年向各政策性银行、国有商业银行、股份制商业

---

① 《中央财政加大对中小企业金融服务支持力度》，http：//www. smesc. gov. cn/news/ show. php？itemid＝232881，2014－06－06。

② 《李克强主持召开国务院常务会议，听取推进中央企业重组整合工作汇报》，http：// www. gov. cn/guowuyuan/2017－09/27/content_5228004. htm，2017－09－27。

银行、邮政储蓄银行、中国银行业协会、中国融资担保业协会、中国小额贷款公司协会等金融机构及相关组织下发《关于进一步做好小微企业金融服务工作的指导意见》，对各金融机构提出"小微企业贷款增速不低于各项贷款平均增速，小微企业贷款户数不低于上年同期户数，小微企业申贷获得率不低于上年同期水平"的目标，要求金融机构优化信贷结构，用好增量，盘活存量，加大金融创新，提升服务能力，通过信贷资产证券化、信贷资产转让等方式腾挪信贷资源用于小微企业贷款。国有大型商业银行近年来加大了对中小微企业的融资扶持。中国农业银行在《小微企业金融服务报告》中揭示其 2015 年为全国 300 多万户的小微企业提供了各种金融服务，为 30 多万户的小微企业提供信贷支持，小微企业贷款余额达 10882.28 亿元。[①]中国建设银行 2005 年率先开展小企业业务，形成了"成长之路""速贷通""小额贷""信用贷"等小企业金融品牌，涵盖了小企业从初创期、成长期到成熟期的金融需求。

　　国务院的高度重视及银监会、各级商业银行的努力，并没有在缓解中小企业融资难和融资贵问题上取得很大成效，这些政策对中型企业的作用效果好于小企业。当前只有高科技初创期的小企业能够通过天使基金、创业投资基金进行股权融资，但是我国创业投资基金、天使基金、私募股权基金、融资租赁等处于初始发展阶段，在中小企业融资中不起主导作用。其他中小企业，特别是小微企业不具备股权融资、发债等条件，只能从银行贷款或者民间借贷，可又缺乏符合商业银行要求的抵押品，加上自身信用低，而且小微企业贷款的"量少、次频"的特征使得大型商业银行对其贷款的风险成本很高，银行对小微企业的贷款十分审慎。上述原因使得小微企业融资总额中来源于银行的比重很小。针对这些问题，政府的金融政策也需及时做出调整，为政府和市场主体的各种中小企业融资服务措施发挥作用提供切实支持。

7.2.2　完善支持中小企业融资的金融政策环境

1. 发展多层次资本市场，拓宽中小企业直接融资渠道

鉴于中小企业规模、融资需求量与资本市场融资条件间的矛盾，发展适

---

①《中国农业银行 2015 年小微企业金融服务报告》，http://www.95599.cn/cn/AboutABC/CSR/xwqyjrfwbg/，2016 – 06 – 20。

合中小企业融资的资本市场应从以下几个方面入手：

一是搭建方便快捷的融资平台，着眼于场外交易市场的建设和监管，为不符合上市条件的中小企业提供通过资本市场股权融资的机会，完善创业投资扶持政策，让私募股资本和创业投资基金积极支持处于初创期的创新型小微企业。二是推进债券市场建设，让集合票据融资、集合债券、集合信托等符合小微企业特点的新型融资方式在缓解小微企业融资困难中发挥更大的作用。三是鼓励信贷市场创新金融产品，推进小微企业贷款保证保险和信用保险，鼓励知识产权质押、仓单质押、商铺经营权质押、商业信用保险保单质押、商业保理等新型融资抵押方式运用于银企信贷市场。

2. 支持金融创新，为中小企业融资提供更多的渠道

金融创新是指金融资源配置形式与金融交易载体的变革与创新，是金融市场上资金供求各方需求多样化、信息技术日益发展和金融风险管理日益完善的产物。金融创新活动能够最大限度地动员可支配的金融资源，满足了社会对资金的需求，同时也适应了金融投资者对投资产品多样化和投资风险分散化的要求。近年来，金融创新在我国的快速发展为缓解中小企业融资困难提供了新的契机。其中较为典型的是互联网金融及融资租赁对中小企业融资的影响。互联网金融的支付方式有利于提高资源配置效率、降低交易成本来促进经济增长，并产生巨大的社会效益（谢平、邹传伟，2012）。互联网金融平台降低了用户参与的资金门槛，也简化了用户操作流程，缓解了借贷双方的信息不对称，因此在农村扶贫、小微企业借贷等方面有商业金融不可比拟的优势，其中的 P2P 融资模式、阿里小贷融资模式、众筹融资等都将服务对象定位于中小企业（潘永明、刘曼，2015）。融资租赁是当前另一个新兴的用于支持实体经济发展的金融工具，被认为是破解中小企业融资困局的一个突破口。2015 年 9 月，国务院办公厅发布《关于加快融资租赁业发展的指导意见》和《关于促进金融租赁行业健康发展的指导意见》，鼓励和规范中小企业运用融资租赁作为融资工具。

全新的中小企业融资环境需要政府的引导，但是我国目前专门针对金融创新产品的政策很少。例如，我国没有针对金融租赁融资方式制定过支持和优惠政策，对金融创新的发展缺乏规范，虽然 P2P 融资模式为中小企业提供了很多机会，但是政府监管缺位、行业自律松散使其在运作中风险丛生；政府原有的中小企业融资风险防范系统适应不了新的金融模式的要求，中小

企业的信用资料数据也满足不了新金融的需求。这些问题影响了金融政策服务于中小企业融资的效率，需要政府的介入干预。

3. 发展小金融机构，服务中小企业

小金融机构主要指规模小、经营灵活的社区银行、村镇银行，就近为社区、乡镇的小企业提供贷款服务，运作效率高，经营成本低，能在一定程度上克服信息不对称性。可以说小金融机构和中小企业融资特点有着天然的契合性，应在中小企业融资中扮演重要角色。但是目前我国小银行数量太少。根据中国银行业协会统计，2013 年，我国村镇银行的数量不到 1000 家；到了 2014 年底，全国社区银行数量达 8435 个，其中小微网店 837 个，主要集中在大城市，[①] 小银行的数量和分布满足不了中小企业的融资需要。因此要加快发展社区银行、村镇银行等小金融机构，适当放宽小额贷款公司单一投资者持股比例限制，政策上允许符合条件的小额贷款公司改制为社区银行、村镇银行；鼓励民间资本、外资参股设立小金融机构，并加强监管和风险控制；鼓励商业银行在中西部设立村镇银行，明确小金融机构主要为小微企业服务的市场定位；引导小金融机构增加服务网点，向县域和乡镇延伸。

4. 完善适合小微企业的信用担保服务

在建设中小企业信用担保体系的基础上，鼓励担保机构发展小微企业担保业务，对小微企业实行优惠的担保收费；积极发展再担保机构，分散小微企业担保风险；发展信用保险业务，为小微企业定制合适的保险产品，增进小微企业信用水平；推进担保机构与银行间的风险分担的合理化；将小微企业纳入企业信用体系建设中，尝试征集小微企业信用信息和评定信用等级；设立国家融资担保基金，将省级政策性融资担保体系向市、县延伸，形成三级政策性信贷担保体系，更好地为符合条件的小微企业提供融资服务。

5. 规范民间金融机构的中小企业融资业务

放宽对民间金融的限制，设计规范和激励相结合的制度。一是把想介入中小企业融资业务的民间资本规范起来，制定与我国国情相适应的民间金融

---

① 王慧梅：《打造居民家门口的"私人银行"——2015 年社区银行客户调查报告》，载于《中国银行业》2015 年第 3 期。

法规，将民间金融的法律地位、借贷形式、运作模式、资金投向、贷款额度、借贷期限、利率水平和纠纷处理方式等以法的形式规定下来，让民间金融活动走上法治轨道。明确民间融资的监管主体，解决监管界限不清和责任不明的问题；对不同类别的民间融资行为区别对待，分类监管，对合法的民间金融行为通过规章制度进行规范，对非法的民间金融活动要坚决予以取缔。建立针对民间融资的监测系统，实现全程管理。二是设计正常参与通道让其参与到地方中小企业融资服务体系中来。例如，建立民间金融—金融公司—社区（村镇）银行的晋级通道，调动民间金融接受政府监督的主动性和为中小企业融资服务的积极性。

7.3　信用环境

中小企业长期被金融市场歧视甚至排斥的原因是信用不足，中小企业申请贷款都被要求抵押、担保等以弥补其信用不足。在企业规模小、抵押物缺乏的情形下，如果能提升其信用价值，中小企业融资困境就会得到缓解。中小企业信用价值的提升需要外部力量的推动及认可，靠其自身的力量无法证明其信用价值。良好的信用环境有助于提升中小企业的信用水平，没有信用的土壤，无论是政府还是市场在中小企业融资服务体系中的努力都无法改变中小企业的融资困境。因此，许多国家通过建立一套征信制度来改善中小企业面临的信用环境，增强中小企业信息透明度，提升中小企业信用价值。

征信制度的核心内容是信用数据采集系统及信用等级评估系统。信用数据收集系统是信用评级的基础，包括了对企业和企业主的信用登记和信用数据采集。中小企业信用评级是指建立以中小企业、中小企业经营业主为主体的信用评价体系，主要包括信用等级评估和信用等级发布与应用等内容，特别注重对中小企业面临的风险，如信用风险、违约风险等进行评估。信用评级由第三方——专业信用公司完成，为中小企业的信用价值提供客观的评价。

7.3.1　我国中小企业征信制度建设中存在的问题

1. 征信数据系统不完善

一是对征信数据系统的基础地位认识不足。我国的征信制度以评级为主，信息数据的收集为辅，但是没有合格的可靠的信用数据，评级结果的可信度就会大打折扣。也正是因为评级缺乏数据基础，金融机构对其认可度低，有了信用等级仍然无法提高企业的信用价值，帮助企业顺利融资，银企之间的信息不对称也不因评级而有所改善。二是征信数据收集各自为政，标准不统一。我国各家银行都有自己的企业信用等级评级办法，他们做出信用评级的依据是自己收集的企业信用数据，这些数据难免带有片面性。例如，工商部门、海关、税务机关等收集的信用数据往往没有纳入各银行的信用评级系统，信息的片面性影响了评级的准确性和权威性。

2. 信用评级机制混乱

由于对中小企业信用进行评级的机构太多，除了商业银行，还有很多小信用评级公司。不同评级机构对同一家企业评级结果不一致，这种矛盾给某些企业以可乘之机，寻租等行为应运而生。同时也给不法分子以可乘之机，出现不负责任的评级结果。近年来屡屡爆出的"企业信用评级欺骗"事件就是信用评级机制混乱的例证，这种乱象影响了评级的权威性。评级不是企业信用状况的真实反映，使得企业信用体系经过多年的建设仍不能对改善中小企业融资困境有所助益。

3. 中小企业失信惩戒制度缺失

当前，金融市场和社会各界总体上对中小企业失信行为较为宽容，缺乏一个行之有效的权威的惩戒制度，如法规、行政条例中对失信违约的惩罚制度，对企业违约行为的追究程序等形同虚设。社会对企业违约失信的容忍度高助长了中小企业的失信行为，信用环境没有好转，企业融资困境的缓解就是一纸空文。

7.3.2　完善中小企业征信制度

1. 建立统一、权威的中小企业信用数据系统

建立标准的、统一的中小企业信用数据库是完善中小企业征信制度的基础工作。首先整合分散在不同部门的数据收集系统，将银行系统的中小企业贷款数据、税务系统的缴税数据、工商部门的企业年检数据、消费者协会的消费者投诉数据、质监局的产品质量数据、海关的保税数据，以及

企业等级评定、合同履行情况等与中小企业信用有关的数据进行整理，建立中小企业信用档案。其次将这些记录纳入中小企业信用数据库，解决信息标准化、统一化、隐私保护等问题，实现信息共享，为信用评级提供数据基础，使资金供给者能了解中小企业信用的真实情况，减少融资双方的信息不对称。

2. 建立客观的中小企业信用评价体系

中小企业信用评价体系包括评价主体、评价指标、评价方法等。一要整合现有的散落在各政府部门、社会团体中的中小企业信用评级机构，规范评级业务，逐步形成权威统一的评级机构。二要设计与中小企业特点相适应的评级指标。传统信用评级对企业具有规模偏好，使得中小企业在信用评级中处于不利地位，影响其信贷资金的可得性。因此要寻找能合理地反映中小企业信用状况的评级指标，以效益、从事行业的前景、以往的信用记录等作为评价标准，客观地呈现企业的信用价值。避免评级过低或过高，过低会降低企业获得融资的机会，过高会加大放款机构收不回资金的风险。三要改进中小企业信用评级办法。将现代信息技术引入评级过程，导入相关数据进行标准化评级，实现企业信用评级工作的自动化，减轻评级的工作量，提高评级质量和工作效率；在评级中坚持定性和定量相结合，尝试运用计量模型确定各企业的信用级别，特别关注行业发展状况、区域发展水平等系统性风险对客户信用评级的影响；加强评级预警工作，建立和完善企业预警信息平台，整合政府有关部门发布的企业各类失信信息，并定时更新预警信息数据，添加智能查询模块，方便金融机构、融资担保机构等中小企业融资服务机构查询和了解企业的信用信息，规避可能的信用风险。

3. 加强对中小企业融资信用的过程监控

信用环境的优化既包括对信用评级机构的规范，也应包括对中小企业失信行为的惩戒。一是各级政府有关部门要运用法律、行政手段制定监管措施，对中小企业逃废债务等失信行为予以坚决打击，支持债权人处置抵押物，维护银行等债权人的合法权益。二是中小企业主管部门要加强对中小企业经营者的信用约束。一方面，加大宣传力度，让其认识到诚实守信、守法经营对企业发展的重要性；另一方面，建立企业经营者追究机制，使经营者对企业失信行为承担应有的责任。

7.4　技术环境

7.4.1　技术环境对中小企业融资服务体系的影响

1. 互联网发展对中小企业融资服务的影响

中国互联网信息中心（CNNIC）已完成第 42 次《中国互联网络发展状况统计报告》，报告中称，截至 2018 年 6 月，中国网民规模达 8.02 亿，互联网普及率为 57.7%；手机网民规模达 7.88 亿，网民中使用手机上网人群的占比由 2017 年的 97.5% 提升至 98.3%。互联网的高普及率为普惠金融发展提供了机会，也给金融机构为小型微型企业提供融资服务奠定了技术环境基础。以此为依托出现了手机银行、互联网金融等，能减轻银企之间的信息不对称，使得银行等金融机构能为中小企业提供低成本的金融服务，中小企业获得正规的较高质量的融资服务的机会增多（Nyangosi and Arora，2009）。[1] 特别是位于边远地区的中小企业及未能享受正规金融服务的中小企业受益更多（Claessens，2006）。[2]

2. 大数据挖掘技术对中小企业融资服务的影响

以人工智能、数理统计、信息数据库等为基础的大数据挖掘技术日益成熟，对中小企业融资服务产生了有益的影响。第一，通过大数据分析技术，可以从电商平台上海量的交易数据和众多的客户资源中发掘有潜力的中小企业，为其创造融资机会。还可以对企业的信用数据进行分析整合，减少信息不对称，为中小企业快捷融资提供基础，缓解中小企业融资困难。第二，云计算技术通过互联网实现虚拟资源的使用、开发和交付以及为客户提供定制化扩展服务，建设包含公共云、局域云和私有云在内的云数据平台以及多媒体数据挖掘技术，为企业和个人提供更多的数据服务（林辉、杨旸，2016）。

---

①　Richard Nyangosi，J. S.，Arora，S. S.，"The Evolution of E - banking：a Study of Indian and Kenyan Technology Awareness"，*International Journal of Electronic Finance*，2009，2（3）：149 –165.

②　Claessens，S.，"Access to Financial Services：a Review of the Issues and Public Policy Objectives"，*World Bank Research Observer*，2006，2（21）：207 –240.

在云计算环境下，信息资源共享，公共信用平台得以建立，企业客户信息透明度增强，资金供给方能够了解企业需求为其提供个性化、便捷化的服务。同时，云计算能对风险进行预警监测，贷款风险降低，企业违约风险减少，所有这些都有助于中小企业融资困境的缓解。

7.4.2 我国当前中小企业融资技术环境存在的主要问题

手机银行、互联网金融、众筹平台等新兴融资模式的出现，为中小企业缓解融资困难提供了新的途径。但在现实中，信息技术减少中小企业融资服务市场的信息不对称和借贷风险的预期由于种种原因并没有实现，反而更为恶化。一是数据安全问题。互联网金融通过电子商务平台为平台上的中小企业提供金融服务，并对平台收集的数据进行分析以解决企业间的信息不对称难题。但是数据很容易通过技术手段被修改，如果没有多方数据交叉验证，真实性难以考证。对于那些众筹平台，数据的真实性更难以保证，借款者的违约成本更低。二是道德风险问题。目前，我国互联网融资平台的行业准入门槛低，管理不规范，平台上的中小企业资质良莠不齐，道德风险隐患时常威胁着互联网金融的诚信度，屡屡出现的 P2P 平台携款跑路风险就是一个例证。三是逆向选择问题。2015 年我国网贷行业主流综合收益率区间为 12%~18%，占比达 47.64%；综合收益率 8%~12% 的平台数量占比为 27.73%。① 虽然比 2013 年的 18%~20% 降低不少，也比民间借贷和小额贷款公司的贷款利率低很多，但是投资人年化收益率加上平台的中介费，小企业从互联网平台融资的总成本还是较高。敢于从平台借款的企业都是高风险的小企业，高风险迫使平台收取更高的中介费用于垫保垫支，使得降低中小企业融资成本的目标难以实现。此外，那些刚成立的小企业由于缺乏数据记录仍被排除在互联网金融服务之外。

7.4.3 改善中小企业融资服务技术环境

技术环境的变化不能自动改善中小企业融资服务市场上的信息不对称问

---

① 《2015 年中国网络借贷行业年报》，http://www.wdzj.com/news/hangye/26310.html，2016 - 02 - 12。

题。要发挥技术环境对中小企业融资的支持作用，政府的作为很关键。

1. 加快信息技术与中小企业融资市场的融合

政府要鼓励金融机构创新中小企业融资技术，充分应用手机、网络等扩大为中小企业服务的渠道；加强对中小企业特别是小微企业信息技术、互联网技术的应用能力的培训；进一步支持中西部信息通信技术基础设施建设，缩小信息网络的地区差异，避免因技术环境差异带来的中小企业融资服务水平的地区不均。

2. 鼓励建设互联网金融平台

鼓励设立第三方支付机构、P2P 网贷平台、小微企业的"大数据"信息平台、C2C 及 P2C 金融电子商务、众筹、互联网金融网站，整合权威数据库，深度挖掘数据信息，在平台内实现中小企业信息共享，建立失信惩戒机制，防范企业失信行为。

3. 建设数据交易市场，提供数据整合、数据增值、数据定价等服务

一是在数据交易市场上，对资金供给者和需求者的资源进行整合，使双方交易更加便捷；二是在交易具有合法性并得到用户授权的前提下，对数据进行清理整合、加工处理，生成有价值的数据衍生产品，完成对原始数据的增值；三是对数据和生成的数据衍生产品进行合理定价，使数据具有市场价值，服务于中小企业融资市场。

4. 引入第三方鉴证与评估，确保对中小企业评价的客观性

最适合在我国中小企业互联网融资中承担第三方鉴证与评估的群体是会计师事务所、银行和一些学术机构。这些群体具备专业知识，由它们对中小企业的财务状况进行鉴证和评估，客观反映融资平台上企业的经营状况，可以减少因信息不对称造成的借贷风险，有利于降低企业的融资成本，减少逆向选择。

但是如果鉴证机构存在与被鉴证企业合谋等问题，其工作将毫无意义。政府的作用在于完善互联网融资鉴证的法律法规，使鉴证行为有法可依、有矩可循。违规成本的增大可以保证第三方鉴证评估机构评估结果的真实性和公正性。目前我国社会鉴证机构处于发展初期，适当成立政府性质的互联网

融资鉴证机构以保证鉴证的强制性和权威性也是一种可行的选择。

7.5　公共服务环境

融资服务体系是中小企业发展支持系统中一个重要子系统，政府和市场为中小企业融资服务的有效性离不开支持中小企业发展的大环境。近年来，我国政府努力打造有利于中小企业发展的服务环境，中小企业公共服务平台的建设就是其中的重要举措。

7.5.1　我国公共服务平台发展现状

中小企业公共服务平台是指为中小企业群体提供各类共性服务的经济组织，具有开放性、应用性、公益性、有偿性和便利性的特征（王健翔、王晓红，2009）。2009 年我国出台《国务院关于进一步促进中小企业发展的若干意见》，同年 12 月启动了国家中小企业公共服务平台建设。2011 年工信部《关于加快中小企业服务体系指导意见》明确提出了要为中小企业提供信息服务、投融资服务、创业服务、人才与培训服务、技术创新与质量服务、管理咨询服务、市场开拓服务、法律服务八大类服务要求。按此要求，中小企业公共服务平台将在技术创新、创业辅导、产权交易、人才引进与培养、投资融资、品牌推广、项目对接、贷款担保等方面给予中小企业实实在在的帮助。2011 年工信部、财政部联合启动各省市中小企业公共服务平台网络建设项目，2012 年后又建设了中小企业公共服务示范平台。《促进中小企业发展规划（2006—2020）》中提到，在"十二五"期间，我国 30 个省份、5 个计划单列市建立了中小企业公共服务平台，并与其他各类综合平台和专业平台对接，形成了全国性的中小企业公共服务平台网络，完善中小企业服务，促进中小企业更好发展。

7.5.2　中小企业公共服务平台发展中应注意的问题

1. 公共服务平台的目标定位选择

各省份小企业公共服务平台以 2011 年工信部在《关于加快中小企业服

务体系指导意见》中提出的服务内容为基本依据。但由于所处的地域、经济发展水平、中小企业需求特征、平台建设时间等的差异，各省份对公共服务平台的定位也有较大差异。在上海，将平台定位为政府的公益性服务网站，在平台上只提供服务，不提供市场商业活动，也就是说该服务平台只是一个公益中介，撮合服务机构与企业之间的互动，不提供在线购买服务等商业行为。浙江则将平台定位为政府为主体的公益中介服务和市场为主体的商业购买服务相结合。在我国哪种目标定位更有利于中小企业发展还有待时间的检验。但是如果引入市场的商业性服务，如何制定准入规则，如何维护其服务的诚信度，政府、商业性服务机构之间的职能关系如何处理都需要慎重考虑。

2. 公共服务平台的运营方式选择

目前，我国各地的平台都是省级政府及以下各级牵头建设的，因此很容易将其误解为政府的信息服务网站，主要任务是为中小企业提供有公信力的信息资源。但公共服务平台的运作目标要求其功能不只是信息公开，它最终目的是要实现信息服务和企业服务的结合。因此"政府主导、企业化管理"应该是较为理想的运作模式。即随着业务的发展，引入第三方机构负责日常的运营，用市场化的管理方式提高平台的服务效率，制定合理价格为中小企业提供优质的服务，而政府的作用则限制在政策供给、投资维护、资源协调等方面。

3. 公共服务平台服务内容选择

中小企业公共服务平台是政府为中小企业优化发展环境的一种举措，它应该是一个开放性的平台，以方便中小企业使用为原则，惠及所有中小企业，不应设置太多的限制。中小企业公共服务平台的内容设计有以下特点：第一，公共服务平台供给的逻辑起点是中小企业的共性服务需求，逻辑终点是实现中小企业共性的服务需求、增强其满足程度及其特定公益目标（肖卫东、李肆，2014）。因此共性需求是公共服务平台首先要满足的，个性化需求是在提供了共性基本服务的基础上为中小企业量身定制的。融资服务就是中小企业急需政府提供的共性服务。如果将共性服务和个性服务衔接起来，设计适应企业需求的一站式的连贯性服务，可以简化服务流程，提高服务效率，让企业方便地获得融资扶持。第二，建立短信、微信群、微信公众号等交流群组，设置实时通信、邮件提醒、群组交流、邮件提醒、语音服务、网络会议等功能，实现中小企业、服务平台、服务中介机构的互动。第三，服务网络平台界面实现人性化设计，如以企业生命周期为界面进行设计是一种不错的方案；以主题模块形式进行推送，内容清晰，一目了然，而且可以根据企业对模块的浏览历史，向企业推介相关领域的热点话题。

4. 公共服务平台管理机制选择

第一，平台网络服务应该规范化。服务平台场地内外有醒目的服务标识，有公开的服务指南，包括平台简介、重点服务产品、服务流程、办理时限、服务标准、服务价格、监督电话等，有公开的服务承诺和健全的服务客户登记及办理记录等。第二，建立服务评价机制和客户回访制度，主动接受被服务企业和社会的监督，制定服务标准和评价标准，完善示范服务平台评比机制，给予奖励和扶持，改进和提高服务水平。第三，扩大服务领域，带动更多机构和更多的优质资源为中小企业服务，降低服务成本。

第8章

结　语

政府与市场的关系既是理论问题，更是实践问题。在中小企业融资服务体系中，只有正确认识和恰当界定政府与市场作用有效性边界，才能找准政策着力点，实现政府与市场、社会的充分互动，产生最优的服务效果。因此，在已有的中小企业融资服务研究成果基础上，本书进一步探析多元化中小企业融资服务主体中政府、市场作用有效性问题，为中小企业融资服务创新和中小企业融资支持体系有效实施提供了一个新的研究视角。

8.1　主要研究结论

1. 中小企业融资服务中存在的市场失灵和政府失灵要求界定政府与市场在融资服务体系中的作用有效性边界

中小企业融资难是中小企业融资领域市场失灵的产物，在信贷市场上表现为因银企间信息不对称造成中小企业外源债务资金融资困难，资本市场表现为因为中小企业未来收入不确定和资本市场高门槛造成中小企业外源权益资金融资困难。不管何种性质的融资困难，其产生的主要原因是资金供需双方的信息不对称。

基于中小企业、金融市场、政府三者之间互惠互利的关系和政府可以弥补市场失灵的共识，资金需求方中小企业和资金供给方金融市场间信息不对称矛盾的缓解需要政府介入，从各国实践看，政府介入的手段主要包括财政投资、政策性担保、政策性金融机构提供低息财政贷款以及法律保障、配套服务的完善等。

政府干预程度不同对市场产生的影响也不同，由于政府财政资金的非营利性、政府的"经济人"特性、政府决策的局限性等原因使得政府对中小企业融资市场的干预必须适度，否则将出现干预失灵。在我国，政府干预中小企业融资市场失灵表现为政府干预中小企业融资服务的管理体制不完善、政府干预中小企业融资服务的方式不科学、政府在中小企业融资服务体系中定位不准确等，影响了其为中小企业融资服务的效率。因此政府和市场在中小企业融资服务体系中关系的深入研究具有现实必要性和实践意义。

2. 政府和市场在中小企业融资服务体系中的作用有效性边界具有动态特征

中小企业融资服务市场中市场失灵和政府失灵共存要求正确认识及合理界定政府与市场在中小企业融资服务中的作用边界。本书利用科斯的交易成本理论和西蒙·贾科夫等人提出的制度可能性边界模型描述了中小企业融资服务体系中市场配置无序成本和政府干预成本之间的替代关系，探讨了政府和市场在中小企业融资服务市场中的最佳作用组合点（即政府与市场的作用有效性边界）。并以此为理论依据从企业特征、融资服务体系中各参与主体的合作关系、宏观环境等因素入手，动态审视中小企业融资服务体系中政府与市场的职能变化，提出政府在中小企业融资服务体系中的职能应呈现出由"政府干预为主"到"市场资金自行配置为主"、由"普惠"到"特惠"、由"风险主要承担者"到"风险共担机制的维护者"、政策工具的选择由从"零碎"到"系统"的变化逻辑，认为中小企业融资服务中市场自行配置效率和政府介入后配置效率的对比关系是评价中小企业融资服务体系中政府和市场职能动态调整合理与否的重要指标。

3. 提高三种信贷资金为中小企业融资服务效率的关键在于合理界定其在中小企业融资服务体系中的服务功能和服务区间

对于大多数中小企业而言，债务性外源融资是其获得外源资金的主要渠道。近年来随着对中小企业融资难问题的重视，政策性银行、商业性金融机构、民间信贷成为当前我国中小企业获得债务性外源资金的三个主要渠道。但由于三类信贷资金的提供主体、融资机理、风险特征等不同，其在中小企业融资服务体系中的融资服务效率也存在差异，这种差异实际上反映了中小企业融资服务体系中政府、市场、社会作用的差异。本书以我国 6 个地区 339 家企业的问卷调查数据为基础，对政策性银行贷款、商业性银行贷款、民间信贷三种资金为中小企业融资服务的效率进行实证考察。结果显示：三种资金对中小企业发展起正向促进作用，政策性资金和民间信贷资金融资服务效率高于商业性银行资金；三种资金投向具有规模企业偏好，与扶持小微企业发展的实践相矛盾；三种信贷资金行业服务效率差异明显，政策性资金对高新技术类企业融资服务效率高；民间信贷资金融资服务对象定位不明确，影响了其为中小企业服务的综合效率，亟需政策的规范和引导；在中小企业融资服务体系中三种资金具有联动效应，政策性银行资金对商业性银行资金起诱导作用，民间资金对商业性银行资金起补充作用。基于上述结论，提高三种信贷资金为中小企业的融资服务效率的关键在于合理界定其在中小企业融资服务体系中的服务功能和服务区间：政策性银行要恪守"诱导"的功能定位；激励商业性金融机构承担起服务中小企业融资的主体责任；发挥民间信贷在中小企业融资服务体系中对商业性金融机构贷款的补充作用。

4. 不同模式的融资担保机构为中小企业融资服务效率地区差异是界定担保机构为中小企业融资服务最适区间的主要依据

社会服务效率指担保机构的经营活动对缓解中小企业融资困难所起的作用，中小企业融资社会服务效率的高低是政策性、商业性、互助性担保模式最适服务区间界定的依据。本书选择 15 个城市 204 家样本融资担保机构 2014 年为中小企业提供的担保贷款额、所服务的中小企业数、保费收入占营业收入的比重作为产出指标，将 2014 年初注册资本、在职员工数和 2014 年经营费用作为投入指标，运用数据包络法测算三种模式融资担保机构为中小企业融资服务相对效率。结果发现，融资担保机构的中小企业融资服务效率普遍不高；中小企业融资服务效率存在模式差异，互助性担保机构为中小企业融资服务效率最高；不同模式融资担保机构为中小企业融资服务效率地区差异较明显。Tobit 回归分析进一步揭示地区经济发展状况、产业集聚程度、企业信用体系发育程度、政府的支持程度、中小企业资金需求程度、商业银行的发达程度、地理位置等是造成不同模式担保机构融资服务效率出现地区差异的主要因素。在经济发展水平低、中小企业对银行信贷资金需求度低的地区，政策性担保机构在中小企业融资服务中发挥的效用大；发展互助性担保机构是产业集聚度高的地区的理想选择；在企业信用发达的地区，商业性担保机构的支持有利于中小企业获得融资。

上述结论表明，三种担保模式并存是符合我国国情的现实选择，政策性担保机构是当前为中小企业提供融资担保服务的主体，特别在经济不发达地区，其融资服务效率高于其他两类担保机构。政策支持重点明确、支持方式合理是政策性担保机构在中小企业融资担保体系中发挥主导作用应遵循的原则。互助性担保机构目前尚无法取代政策性担保，它的健康发展需要政府的扶持和风险管控的创新。商业性担保在我国具有存在必要性和市场空间，特别在资金需求量大的地区，由于政策性和互助性担保提供的服务有限，在今后较长的一段时间，商业性担保的作用仍不能忽视。

5. 处理好政府背景和非政府背景风投资本在中小企业融资服务体系中的关系，及从政策上引导非政府背景风投资本投资方向是提高融资服务效率的关键

风险投资是对具有高成长潜力的未上市的高风险企业进行股权投资，缓解高科技中小企业的融资困境，支持高科技中小企业发展，是中小企业融资服务体系中不可缺少的一环。风投资本投资中小企业，既有经济目的——实现资本增值，也有社会目的——缓解中小企业融资困难，对其他来源的长期低融资成本资金产生引致效应。在我国现阶段，风投资本的社会功能无疑要优先考虑。因此本书以不同背景的风投资本在缓解中小企业融资困难中的作用为切入点，探究在新的经济背景下，不同背景风投资本的中小企业融资服务效率及政府背景和非政府背景的风投资本在中小企业融资服务体系中的关系要如何界定。

本书以 532 家在 2010～2011 年接受首轮风投资本的企业在随后的 6 年中融资情况的改善作为评价指标（是否有助于推动企业上市、非上市企业在接受风险投资一段时间后获得银行等金融机构贷款的改善情况），考察政府背景和非政府背景的风投资本对缓解中小企业融资困难的作用。结果表明：两者在中小企业融资服务体系中各有优势，互为补充。政府背景的风投资本对缓解中小企业融资困难有正向影响，当前在中小企业融资服务中发挥主导作用；非政府背景风投机构的投资对象选择偏好与其中小企业融资服务功能不一致，影响其为中小企业融资服务的效率。处理好政府背景和非政府背景风投资本在中小企业融资服务体系中的关系及从政策上引导非政府背景的风投资本投资方向是提高风险投资为中小企业融资服务效率的重点。

本书还强调，尽管在我国中小企业融资困境改善需要政府背景的风投资本，但政府对风险投资的介入程度仍要适当。一是介入手段适当，坚持间接干预；二是管理方式适当，注重发挥市场功能，将政府背景的风投资金通过参股、委托等方式托管，避免直接干预企业经营；三是投资对象选择适当，既要考虑受资企业的行业特征、产品特性、生产周期、行业指示功能等微观因素，还要考虑受资企业发展对产业、行业、宏观经济等宏观因素的影响；四是投资规模和投资期限适当，规模宜小不宜大，期限宜短不宜长，退出要及时。

6. 新兴融资渠道的小微企业信贷业务与大银行在贷款数量上存在替代关系，在贷款对象上形成互补关系，但对小微企业融资需求满足度影响不显著

尽管小微企业是实体经济的基础，在融资市场上，小微企业依然处于明显的弱势。在新金融生态下，小微企业融资渠道得以扩展，但不同来源渠道的资金供给目标和供给条件与小微企业融资需求契合度不同，对缓解其融资困难的作用也不同。以473家样本企业调查数据为依据，用一个年度内企业实际融资额占企业期望融资额的比例来表示小微企业融资需求满足度，作为被解释变量；以2016年小微企业各主要资金来源可得性、企业微观特征、所处的宏观环境、与政府的政治关系四个方面的因素为解释变量，探究大银行、中小银行、小贷公司、互联网金融、民间借贷等融资渠道资金对小微企业融资需求满足度的影响，发现银行贷款是小微企业首选的融资渠道，小微企业对国有大银行贷款有较强的依赖性，但是大银行贷款的行业、规模、周期、资本构成偏好使小微企业在与大中企业的信贷竞争中处于弱势。中小银行、小贷公司、互联网金融的小微企业信贷与大银行在贷款数量上存在替代关系，在贷款对象选择上形成互补关系，但是由于规模、利率、管理等原因，对小微企业融资需求满足度影响不显著。政府支持小微企业发展政策在改善小微企业融资困境中的作用不显著。本书提出缓解我国小微企业融资困境需要政府、融资服务主体提供适应新金融生态下小微企业融资需求特点的信贷政策和信贷服务。

7. 政府与市场在中小企业融资服务体系中职能边界的合理界定和作用的有效发挥需要外部环境的支持

支持中小企业融资服务体系中政府与市场作用有效发挥的外部环境包括

财政政策环境、金融政策环境、信用环境、技术环境等，其中良好的财政政策环境为政府与市场在中小企业融资服务体系中有效行使职能和合理界定作用边界提供经济基础；适合中小企业融资的金融政策环境可以在一定程度上改善中小企业融资需求与资本市场融资供给要求之间的矛盾；良好的信用环境有助于提升中小企业的信用水平，没有信用的土壤，无论是政府还是市场在中小企业融资服务体系中的努力都无法改变中小企业的融资困境。因此，需要建立一套征信制度来改善中小企业面临的信用环境。互联网的高普及率为普惠金融发展提供了机会，也给金融机构为小型微型企业提供融资服务奠定了技术环境基础，由此出现的手机银行、互联网金融、众筹平台等新兴融资模式，为中小企业缓解融资困难提供了新的途径。为此需要加快信息技术与中小企业融资市场的融合，鼓励建设互联网金融平台，建设数据交易市场，改变政府和市场在中小企业融资服务中的职能分工。

8.2　不足与后续研究方向

由于时间、资料及学术水平限制，本书尚有以下不足有待在后续研究中进一步完善。

第一，需进一步优化数据资料。本书的实证部分是第三、四、五、六章，第三、四、六章的数据资料分别来自中小微企业和中小企业融资担保机构的调查问卷，尽管得到样本数据所在地经信委、税务部门、企业的大力支持，但是问卷的回收率和有效率不是很高，问卷回答者的个人偏好、对相关概念的理解偏差也在一定程度上影响数据资料的准确性。如果能对这些样本机构进行连续几年的跟踪调查，获得动态数据资料进行相关研究分析，会大大减少一次性随机问卷调查的缺陷；如果能获得更多省份的数据资料，也会大大提高研究结论的普适性，这些在后续研究中将进一步完善。第五部分所需数据来自各相关数据库、数据网站，难免存在指标口径不一致问题，会对结论产生一些影响。

第二，需尝试更多的实证研究方法。实证分析是本书主要的研究方法。本书受制于数据资料，无法尝试更多的实证分析方法，无法将不同方法得出的不同结果进行比较以验证结论的稳定性。同时由于相关研究很少，无法进行比较，难以判断所用的方法、所选择的变量指标是否是最合理的。因此，在后续研究中随着数据资料的丰富，将选择运用其他的计量工具和变量指标进行实证分析，与现有的结论相互补充，更加全面、确切地评价我国融资服务体系中政府和市场两股力量为中小企业融资服务的状况。

附件1 中小企业融资现状调查问卷

为了解中小企业融资现状，设计此问卷。以下问题的答案无所谓对或错，请您按照企业的真实情况和自己的想法回答，如果没有特别说明，每个问题只填一个答案。本调查采取匿名形式，所有资料将会保密，最后以统计数据出现，不作为其他评价的依据，请您不必有任何顾虑。给您造成的不便，敬请谅解，衷心感谢您对我们研究的配合与支持！

《中小企业融资服务体系中政府与市场作用有效性研究》课题组

第一部分 企业的基本情况

1. 所有制形式：
A. 国有企业（包含国有独资公司）　　　B. 民营企业
C. 混合所有制企业（包含中外合资、中外合作、外商独资）
2. 组织形式：
A. 有限公司制　　　B. 股份有限公司　　C. 合伙企业　　D. 其他
3. 企业是否被认定为高新技术企业：
A. 是　　　　　　B. 否
4. 2013 年底企业从业人员数_____人。
5. 企业所在地_____（只需写出省市名），成立年限_____年。
6. 被调查者的身份：
A. 单位负责人　　B. 财务负责人　　　C. 管理人员

第二部分 企业主要财务数据

7. 企业主要财务数据：
2008 年度本企业销售（营业）总额为_____万元，税后利润为

_____万元，净资产收益率为_____。

2009 年度本企业销售（营业）总额为_____万元，税后利润为

_____万元，净资产收益率为_____。

2010 年度本企业销售（营业）总额为_____万元，税后利润为

_____万元，净资产收益率为_____。

2011 年度本企业销售（营业）总额为_____万元，税后利润为

_____万元，净资产收益率为_____。

2012 年度本企业销售（营业）总额为_____万元，税后利润为

_____万元，净资产收益率为_____。

2013 年度本企业销售（营业）总额为_____万元，税后利润为

_____万元，净资产收益率为_____。

第三部分　企业融资情况与资金来源状况

8. 中小企业发展中起决定性作用的因素是（　　　）（可多选）。

A. 资金　　　　　　B. 顾客满意度　　　　C. 企业家才能

D. 社会认同　　　　E. 政府扶持

9. 中小企业发展过程中遇到的最大困难是（　　　）。

A. 资金缺乏　　　　B. 大企业的竞争

C. 缺少自主品牌　　D. 其他

10. 企业成立之初的实收资本为_____万元。

11. 企业成立时的主要资本来源（　　　）（可多选）。

A. 自有资金　　　　　B. 亲戚投资朋友投资

C. 生意伙伴投资　　　E. 国家扶持

F. 银行贷款　　　　　D. 亲友借贷

E. 企业间借款　　　　F. 债权融资

I. 股权融资　　　　　G. 风险投资

H. 外资

12. 企业是否有专门的融资部门？

A. 有　　　　　　　　B. 无

13. 企业了解政策性银行这一融资渠道吗？

A. 了解　　　　　　B. 了解，会积极争取　　　C. 不了解

14. 企业遇到资金困难时对融资渠道的选择情况：

融资渠道	A. 向银行等金融机构贷款	B. 民间借贷（含小额贷款企业的资金、占用上游企业的贷款等）	C. 发行债券融资	D. 向股东、员工集资	E. 发行股票等正规金融市场融资	F. 向政策性银行贷款	G. 其他
平均年利率				—	—		
是否需要抵押							
要求的抵押物举例							

2008~2013年各来源融资额	2008							
	2009							
	2010							
	2011							
	2012							
	2013							

15. 民间借款的主要用途（   ）（可多选）。

A. 流动资金需要   B. 买地建房，上新项目

C. 技术改造   D. 其他

16. 如果企业可以同时从政策性银行、商业银行（信用社）和民间渠道借到款，更倾向于向谁借？

A. 从银行（信用社）获得贷款   B. 从民间渠道获得贷款

C. 政策性银行

17. 向银行申请贷款容易吗？

A. 容易   B. 较容易   C. 一般

D. 较难   E. 难

18. 向银行融资过程中遇到的最主要障碍（请排序）。

A. 条件苛刻（   ）   B. 审批程序繁杂（   ）

C. 办理贷款速度太慢（   ）   D. 找不到担保人（   ）

E. 贷款成本高（   ）

19. 企业近三年是否使用过融资信用担保？

A. 无　　　　　　　B. 有（请回答第20～23题）

20. 担保公司性质（　　　）（可多选）。

A. 政策性　　　　　B. 互助性　　　　　　C. 商业性

21. 您认为信用担保在中小企业融资过程中的作用（　　　）。

A. 很大　　　　　　B. 较大　　　　　　　C. 一般

D. 较小　　　　　　E. 微小

22. 您对当前公司担保费率的看法（　　　）。

A. 太重　　　　　　B. 较重　　　　　C. 较轻　　　　　D. 很轻

23. 贵企业在申请贷款和担保时能够提供的抵押物（　　　）（多选）。

A. 土地　　　　　　B. 厂房　　　　　C. 机械设备　　　　D. 存货

E. 应收账款　　　　F. 无形资产（商标、专利、技术等）　　　　G. 其他

第四部分　诉求与建议

24. 希望政府在改善中小企业融资环境上给予哪些支持？（可多选）

A. 希望政府建立和完善统一的企业征信体系　　　　　　　　（　　　）

B. 加快发展资本市场　　　　　　　　　　　　　　　　　　（　　　）

C. 加大对担保机构支持力度　　　　　　　　　　　　　　　（　　　）

D. 规范民间融资市场　　　　　　　　　　　　　　　　　　（　　　）

E. 优化中小企业公共服务平台　　　　　　　　　　　　　　（　　　）

F. 其他，请备注＿＿＿＿＿＿＿＿＿＿＿＿＿＿

25. 对政府各种扶持项目，你觉得有必要的是（可多选）：

A. 中小企业发展资金　　　　　　　　　　　　　　　　　　（　　　）

B. 政府补贴　　　　　　　　　　　　　　　　　　　　　　（　　　）

C. 产业技术进步资金（科技创新、成果转化、产业化资金）　（　　　）

D. 税收优惠　　　　　　　　　　　　　　　　　　　　　　（　　　）

E. 政府采购　　　　　　　　　　　　　　　　　　　　　　（　　　）

谢谢您的参与！

附件2 融资信用担保机构中小企业
融资业务开展情况调查问卷

为了解当前我国融资信用担保行业的中小企业融资服务业务开展情况，设计此问卷。以下问题的答案无所谓对或错，请您按照企业的真实情况和自己的想法回答，如果没有特别说明，每个问题只填一个答案。本调查将对公司基本信息负保密义务，相关资料仅以统计数据形式用于课题研究，不作为其他评价的依据，请不必有任何顾虑。给您造成的不便，敬请谅解，衷心感谢您对我们研究的配合与支持！

《中小企业融资服务体系中政府与市场作用有效性研究》课题组

一、担保机构基本信息

项目	填写内容
担保机构名称	
成立时间	
注册地点	
机构性质	□ 政策性　□ 商业性　□ 互助性
最初注册资本（万元）	
现注册资本（万元）	
职工人数（人）	
其中本科以上学历人员占比（%）	

二、担保机构的担保业务基本情况

项目		相应项目前打勾，其他项目需填写
中小微企业和"三农"融资类担保	企业融资担保	□开展（占比：　） 　□不开展
	个人融资担保	□开展（占比：　） 　□不开展
非融资类担保		□开展（占比：　） 　□不开展
是否进行其他投资		□是　 　□否
是否有担保业务的研发部门或专门人员		□是　 　□否
是否有分支机构	在本地	□是　 　□否
	在其他省市	□是　 　□否
是否与其他担保机构合作开展过联合担保		□是　 　□否
提供担保之前对担保对象进行评估的方式		A. 有专门的评估团队或部门 B. 主要由银行负责评估 C. 聘用外部评级机构 D. 参考政府部门关于相关中小企业的基本情况和发展资料
2014 年底中小微企业和"三农"担保资金总额（亿元）		
截至 2014 年底累计担保笔数		
2014 年中小微企业和"三农"在保贷款额（亿元）		
2014 年担保企业家数（个）		
2014 年企业贷款担保的平均费率（%）		
2010～2014 年平均代偿损失率（%）		

三、近 5 年担保机构主要财务数据

年度	营业收入（万元）	保费收入占营业收入比重	代偿余额（万元）	追偿收入（万元）	管理费用（万元）	营业费用（万元）	利润或亏损（万元）
2010							
2011							
2012							
2013							
2014							

四、其他

1. 担保机构对中小微企业资格审查时所考虑的因素（可多选）

项目	是	否
是否审查企业管理水平		
是否审查企业的信用		
是否审查企业的资产规模		
是否审查企业的净资产营利水平		
是否审查企业所处行业		
是否审查企业产品的市场前景		
是否审查企业产品的技术含量		
是否审查企业法人及管理层的信用状况		
是否审查企业所处区域		

2. 担保机构中小微企业融资信用担保业务拓展面临的主要障碍（可多选）

项目	是	否
出资规模偏小		
政府风险补偿机制不健全		
风险管理成本过高		
政府干预过多		
内部治理结构不健全		
信用担保专业人才短缺		
政策法规支持力度不够		
金融机构与担保机构的合作不够积极，条件严苛		
中小企业的信用状况普遍不佳		

3. 担保风险控制情况

项目	填写内容
行业集中度（首要行业担保金额占总担保额比例%）	
客户集中度（前五大客户担保金额占总担保额比例%）	
是否有客户评价指标体系	□是　□否
是否收取贷款企业保证金	□是　□否
平均保证金率	
是否计提专项准备金	□是　□否
是否进行风险分类	□是　□否
主要反担保措施	
是否采用再担保	□是　□否
再担保额占总担保额的比例	

4. 与银行合作情况

项目	填写内容
协作银行数量（个）	
双方风险分担比例（%）	
和银行协议的资金放大倍数（最大）	
实际担保资金放大倍数	
对合作是否满意	□ 满意　　□ 一般　　□ 不满意

5. 政府政策扶持情况

项目	填写内容
是否享受免征营业税	□是　　□否
是否享受所得税优惠	□是　　□否
2013 年是否获得政府风险补偿	□是　　□否
当前的政府对担保企业补偿机制是否合理	□是　　□否

担保机构急需政府做的工作＿＿＿＿＿＿＿＿＿＿＿＿＿＿＿＿＿＿＿＿＿＿＿

6. 和再担保机构的合作情况

项目	填写内容
希望再担保的保证方式	A. 一般责任保证　　B. 连带责任保证 C. 固定比例再担保　D. 溢额再担保 E. 根据具体情况确定再担保保证方式
希望再担保承担的责任比例	A. 30%以下　B. 30%～50%　C. 50%以上 D. 根据具体情况确定再担保承担的责任比例
希望再担保的收费标准	A. 0.5%以下　　　　B. 0.5%～1.0% C. 1.0%～1.5%　　　　D. 1.5%以上
加入再担保体系后，公司对银行的期望	A. 担保公司不交或少交保证金 B. 提高担保放大倍数 C. 银行与担保机构共担风险 D. 简化担保贷款审批流程 E. 对所担保的企业执行较为优惠的利率 F. 其他，请填写

谢谢您的参与！

附件 3   204 家融资担保机构的中小企业融资服务效率 DEA 计算结果汇总

表 1   DEA 效率计算的投入和产出指标

投入指标	产出指标
1. 实收资本	1. 担保企业数
2. 在职员工数量	2. 担保贷款额
3. 经营费用	3. 担保费占收入比

表 2   全样本（204 家）担保机构中小企业融资服务效率计算结果

序号	地区	模式类型	效率值	序号	地区	模式类型	效率值	序号	地区	模式类型	效率值
1	四川	商业	0.378	17	四川	商业	0.118	33	福建	商业	0.217
2	四川	商业	0.288	18	四川	政策	0.259	34	福建	商业	0.256
3	四川	政策	0.791	19	四川	商业	0.232	35	福建	商业	0.351
4	四川	政策	0.619	20	四川	商业	0.307	36	福建	互助	0.752
5	四川	政策	0.775	21	四川	商业	0.239	37	福建	政策	1.000
6	四川	商业	0.250	22	四川	商业	0.315	38	福建	商业	1.000
7	四川	商业	0.358	23	四川	商业	0.192	39	福建	商业	0.245
8	四川	商业	0.433	24	四川	政策	0.918	40	福建	商业	0.173
9	四川	商业	0.239	25	四川	商业	1.000	41	福建	商业	0.342
10	四川	商业	0.168	26	四川	商业	0.275	42	福建	商业	0.267
11	四川	商业	0.577	27	四川	互助	0.525	43	福建	商业	0.199
12	四川	商业	0.327	28	四川	政策	0.321	44	福建	商业	0.207
13	四川	商业	0.266	29	四川	政策	0.276	45	福建	商业	0.251
14	四川	政策	0.341	30	四川	政策	0.554	46	福建	商业	0.358
15	四川	政策	0.297	31	福建	商业	0.323	47	福建	互助	0.978
16	四川	商业	0.241	32	福建	商业	0.358	48	福建	商业	0.362

续表

序号	地区	模式类型	效率值	序号	地区	模式类型	效率值	序号	地区	模式类型	效率值
49	福建	商业	0.340	80	山东	政策	0.852	111	浙江	商业	0.422
50	福建	政策	0.199	81	山东	互助	1.000	112	浙江	商业	0.386
51	福建	互助	0.802	82	山东	商业	0.252	113	浙江	互助	0.613
52	福建	政策	0.596	83	山东	互助	0.533	114	浙江	商业	0.626
53	福建	互助	0.307	84	山东	互助	0.941	115	浙江	商业	0.177
54	福建	互助	0.404	85	山东	商业	0.183	116	浙江	政策	0.569
55	福建	商业	0.369	86	山东	商业	0.355	117	浙江	互助	0.739
56	福建	商业	0.396	87	山东	政策	0.378	118	浙江	商业	0.430
57	福建	互助	0.455	88	山东	政策	0.504	119	浙江	政策	1.000
58	福建	商业	0.276	89	山东	互助	0.461	120	浙江	商业	0.609
59	福建	政策	0.910	90	山东	商业	0.258	121	浙江	商业	0.261
60	福建	商业	0.533	91	山东	商业	0.277	122	浙江	政策	0.856
61	福建	政策	0.641	92	山东	政策	0.398	123	浙江	互助	1.000
62	福建	互助	0.602	93	山东	商业	0.33	124	浙江	政策	1.000
63	福建	商业	0.199	94	山东	商业	0.153	125	浙江	商业	0.750
64	福建	商业	0.215	95	山东	商业	0.252	126	浙江	互助	0.681
65	福建	商业	0.255	96	山东	互助	0.582	127	浙江	互助	0.519
66	福建	政策	0.460	97	山东	商业	0.206	128	浙江	互助	0.576
67	福建	政策	0.463	98	浙江	商业	0.342	129	浙江	商业	0.469
68	福建	商业	0.533	99	浙江	商业	0.186	130	浙江	商业	0.576
69	福建	政策	1.000	100	浙江	政策	0.489	131	浙江	商业	0.451
70	福建	互助	0.933	101	浙江	政策	0.394	132	浙江	商业	0.644
71	福建	政策	0.681	102	浙江	商业	0.251	133	河北	商业	0.308
72	山东	政策	0.285	103	浙江	政策	1.000	134	河北	商业	0.487
73	山东	商业	0.227	104	浙江	商业	0.446	135	河北	政策	0.556
74	山东	商业	0.431	105	浙江	政策	0.375	136	河北	商业	0.484
75	山东	商业	0.458	106	浙江	政策	0.318	137	河北	商业	0.264
76	山东	商业	0.301	107	浙江	商业	0.436	138	河北	互助	0.554
77	山东	政策	0.361	108	浙江	商业	0.335	139	河北	政策	0.436
78	山东	互助	0.899	109	浙江	商业	0.588	140	河北	商业	0.244
79	山东	互助	0.562	110	浙江	商业	0.507	141	河北	商业	0.596

续表

序号	地区	模式类型	效率值	序号	地区	模式类型	效率值	序号	地区	模式类型	效率值
142	河北	商业	0.256	163	贵州	商业	0.244	184	辽宁	政策	0.431
143	河北	商业	0.281	164	贵州	商业	0.320	185	辽宁	商业	0.393
144	河北	商业	0.550	165	贵州	商业	0.396	186	辽宁	政策	0.775
145	河北	政策	0.656	166	贵州	商业	0.309	187	辽宁	商业	0.477
146	河北	互助	0.526	167	贵州	互助	0.339	188	辽宁	政策	0.709
147	河北	政策	1.000	168	贵州	商业	0.288	189	辽宁	政策	0.347
148	河北	商业	0.347	169	贵州	商业	0.470	190	辽宁	商业	0.317
149	河北	互助	0.386	170	贵州	政策	0.402	191	辽宁	商业	0.463
150	河北	商业	0.287	171	贵州	互助	0.491	192	辽宁	商业	0.361
151	河北	商业	0.317	172	贵州	政策	0.484	193	辽宁	政策	0.382
152	河北	商业	0.492	173	贵州	商业	0.362	194	辽宁	商业	0.209
153	河北	商业	0.348	174	贵州	商业	0.181	195	辽宁	商业	0.417
154	河北	政策	0.350	175	贵州	商业	0.391	196	辽宁	商业	0.268
155	河北	商业	0.203	176	辽宁	商业	0.319	197	辽宁	商业	0.369
156	贵州	政策	0.483	177	辽宁	商业	0.356	198	辽宁	商业	0.491
157	贵州	政策	0.293	178	辽宁	商业	0.324	199	辽宁	商业	0.457
158	贵州	政策	0.689	179	辽宁	政策	0.375	200	辽宁	商业	0.408
159	贵州	商业	0.904	180	辽宁	政策	0.584	201	辽宁	商业	0.294
160	贵州	商业	0.236	181	辽宁	商业	0.273	202	辽宁	政策	0.461
161	贵州	商业	0.316	182	辽宁	商业	0.386	203	辽宁	政策	0.448
162	贵州	商业	0.273	183	辽宁	政策	0.231	204	辽宁	商业	0.207

表3　　　　全样本下担保机构中小企业融资服务效率分地区结果

	样本数量	有效样本数量	平均效率值
全样本	204	10	0.4450
福建	41	3	0.4685
贵州	20	0	0.3936
河北	23	1	0.4317
辽宁	29	0	0.3977
山东	26	1	0.4399
四川	30	1	0.3960
浙江	35	4	0.5435

表4　　　　　全样本下担保机构中小企业融资服务效率分模式结果

	样本数量	有效样本数量	平均效率值
全样本	204	10	0.4450
互助型	27	2	0.6356
商业型	123	2	0.3557
政策型	54	6	0.5550

表5　　　　　互助型担保机构中小企业融资服务效率分地区结果

	样本数量	有效样本数量	平均效率值
全样本	27	10	0.7900
福建	8	3	0.7720
贵州	2	0	0.5600
河北	3	0	0.7073
辽宁	–	–	–
山东	7	4	0.8589
四川	1	0	0.8730
浙江	6	3	0.9183

表6　　　　　商业型担保机构中小企业融资服务效率分地区结果

	样本数量	有效样本数量	平均效率值
全样本	123	9	0.5190
福建	24	2	0.4786
贵州	13	0	0.5030
河北	15	1	0.5497
辽宁	19	0	0.4994
山东	13	0	0.4665
四川	19	2	0.4780
浙江	20	4	0.6487

表7　　　　　政策型担保机构中小企业融资服务效率分地区结果

	样本数量	有效样本数量	平均效率值
全样本	54	6	0.5960
福建	9	2	0.6774
贵州	5	0	0.5050
河北	5	1	0.6842
辽宁	10	0	0.5140
山东	6	0	0.4873
四川	10	0	0.5754
浙江	9	3	0.6998

附件4　政府背景和非政府背景风投资本对受资企业的融资服务效率分析相关数据资料

样本编号	y (1/0)	year (年)	loan (%)	exp (年)	gov (%)	nongov (%)	scale (万元)	same (1/0)	ind (1/0)	period (年)	loc (1/0)	round (1/0)
1	0	—	6.96	10	0	1	3000	1	0	5	0	1
2	0	—	7.61	3	0.28	0.72	5500	0	0	8	0	0
3	0	—	7.49	10	0.47	0.53	3800	1	1	17	1	
4	0	—	6.01	1	1	0	850	1	1	1	0	0
5	0	—	6.11	3	0	1	1005	1	1	1	1	1
6	0	—	5.95	10	0	1	881	0	0	4	1	1
7	0	—	5.70	30	0	1	560	0	0	30	1	1
8	0	—	6.13	2	0	1	1355	1	0	8	1	1
9	0	—	6.97	6	0	1	6280	0	1	18	1	1
10	0	—	7.35	17	0.49	0.51	2250	1	1	25	1	1
11	0	—	7.92	21	1	0	5000	0	1	7	0	1
12	0	—	6.91	10	0	1	8400	0	1	7	1	1
13	0	—	7.13	4	0	1	3500	0	0	4	0	1
14	0	—	6.37	7	0	1	1344	0	0	2	1	0
15	0	—	5.98	6	0	1	1067	1	0	2	1	1
16	0	—	7.61	3	0	1	45000	0	0	7	1	0
17	0	—	6.96	1	1	0	1472	1	1	6	1	1
18	0	—	8.02	10	1	0	5000	1	1	2	1	1
19	0	—	2.30	1	0	1	855	1	1	5	1	1
20	0	—	6.14	7	0.195	0.805	1078	0	1	5	0	1
21	0	—	5.94	1	0	1	1000	1	1	8	0	0
22	0	—	7.56	11	0.313	0.687	5000	0	0	3	1	1
23	0	—	6.21	2	1	0	650	1	1	1	1	1

续表

样本编号	y (1/0)	year (年)	loan (%)	exp (年)	gov (%)	nongov (%)	scale (万元)	same (1/0)	ind (1/0)	period (年)	loc (1/0)	round (1/0)
24	0	–	5.70	10	0.667	0.333	765	1	0	1	1	1
25	0	–	5.71	2	0	1	980	0	0	3	0	1
26	0	–	6.21	1	1	0	500	1	1	6	1	1
27	0	–	6.72	10	1	0	770	1	1	12	1	1
28	0	–	6.19	7	0	1	1050	0	0	15	1	1
29	0	–	8.56	8	1	0	10000	0	1	6	1	1
30	0	–	6.70	7	0	1	4330	0	0	17	1	1
31	0	–	6.03	10	0	1	1455	0	0	15	1	1
32	0	–	4.60	4	0	1	453	0	0	8	0	1
33	0	–	4.82	9	0	1	500	1	0	9	0	1
34	0	–	5.71	10	0.615	0.385	323	1	1	8	1	1
35	0	–	5.70	17	0.444	0.556	450	1	1	8	1	1
36	0	–	5.90	4	0	1	1000	0	0	5	0	1
37	0	–	5.70	1	0	1	800	1	0	20	1	1
38	0	–	5.63	4	0	1	580	1	0	4	1	1
39	0	–	5.23	1	0	1	386	1	1	7	1	1
40	0	–	5.57	2	0	1	520	1	1	4	1	1
41	0	–	5.99	8	0.643	0.357	800	0	1	13	0	0
42	0	–	5.72	1	0	1	850	1	0	9	1	1
43	0	–	5.39	4	0	1	700	1	0	6	1	1
44	0	–	5.99	2	0	1	1000	0	0	6	0	1
45	0	–	5.45	10	0	1	500	0	0	7	1	1
46	0	–	5.69	10	1	0	300	1	1	9	1	1
47	0	–	6.03	10	0.464	0.536	785	1	0	11	1	1
48	0	–	5.52	6	0	1	500	0	0	20	0	1
49	0	–	5.33	10	0	1	400	1	1	1	1	1
50	0	–	6.63	8	1	0	800	1	0	15	1	1
51	0	–	5.70	2	0	1	580	1	1	2	1	1
52	0	–	5.71	14	0	1	980	1	0	14	1	1
53	0	–	7.76	8	0.144	0.856	10000	0	0	2	1	1

续表

样本编号	y (1/0)	year (年)	loan (%)	exp (年)	gov (%)	nongov (%)	scale (万元)	same (1/0)	ind (1/0)	period (年)	loc (1/0)	round (1/0)
54	0	–	5.52	4	0	1	650	1	1	4	1	1
55	0	–	6.55	8	1	0	1000	0	0	5	1	1
56	0	–	6.96	2	0.347	0.653	3000	0	1	2	0	1
57	0	–	7.20	10	1	0	1300	1	1	8	1	1
58	0	–	6.11	4	0	1	1350	0	1	1	1	1
59	0	–	5.99	10	0	1	900	1	0	1	1	1
60	0	–	6.34	1	0	1	2000	0	1	1	1	1
61	0	–	6.50	1	1	0	800	1	1	1	0	1
62	0	–	6.91	8	1	0	2380	0	1	8	1	1
63	0	–	7.09	8	1	0	2236	0	1	15	1	1
64	0	–	6.31	6	0	1	1870	0	0	10	1	0
65	0	–	5.01	1	0	1	680	0	1	7	1	0
66	0	–	7.60	8	0.667	0.333	4560	0	1	25	0	1
67	0	–	6.68	5	0	1	2300	0	1	9	0	1
68	0	–	5.32	3	0	1	500	1	1	7	1	0
69	0	–	4.60	3	0	1	300	0	0	3	1	1
70	0	–	5.70	10	0	1	800	0	0	4	1	11
71	0	–	6.31	2	0	1	1350	1	1	11	1	1
72	0	–	6.68	1	0	1	2560	1	1	7	0	1
73	0	–	6.67	3	0	1	3000	0	0	9	1	1
74	0	–	6.91	8	1	0	1450	1	1	9	1	1
75	0	–	5.30	10	0	1	450	0	1	6	1	1
76	0	–	7.60	8	0.335	0.665	7500	0	0	6	0	1
77	0	–	6.21	9	0	1	1500	0	0	18	0	1
78	0	–	7.31	21	1	0	2200	0	1	25	1	1
79	0	–	6.11	4	0	1	1000	1	0	7	1	1
80	0	–	5.52	7	0	1	650	0	0	3	1	1
81	0	–	6.55	2	0	1	2350	1	0	40	1	1
82	0	–	6.21	1	0	1	1000	0	0	5	1	1
83	0	–	5.63	1	0	1	1050	1	0	2	1	1

样本编号	y (1/0)	year (年)	loan (%)	exp (年)	gov (%)	nongov (%)	scale (万元)	same (1/0)	ind (1/0)	period (年)	loc (1/0)	round (1/0)
84	0	—	6.62	9	0	1	2300	1	1	5	1	1
85	0	—	6.91	8	1	0	1200	0	1	9	1	1
86	0	—	5.52	20	0	1	850	1	1	16	0	1
87	0	—	6.68	10	0	1	2260	0	0	5	1	1
88	0	—	5.69	10	0	1	880	0	1	5	1	1
89	0	—	6.92	10	0	1	3000	0	1	2	1	1
90	0	—	5.99	10	0	1	1100	0	0	7	0	1
91	0	—	5.70	8	0	1	895	0	1	4	1	1
92	0	—	6.69	7	0.904	0.096	1060	1	1	5	0	1
93	0	—	5.98	10	0.862	0.138	500	0	1	4	1	1
94	0	—	6.45	2	0	1	650	1	0	7	1	1
95	0	—	6.80	3	0	1	2870	0	0	7	1	1
96	0	—	6.91	5	0.219	0.781	3200	0	0	9	0	1
97	0	—	7.54	20	1	0	3000	0	0	9	0	1
98	0	—	5.86	4	0	1	1080	0	0	18	1	1
99	0	—	4.79	5	0	1	450	0	1	8	1	1
100	0	—	6.63	10	0	1	2050	1	0	12	1	1
101	0	—	5.66	10	0	1	880	0	1	8	1	1
102	0	—	6.88	5	0.467	0.524	2000	1	1	7	1	1
103	0	—	6.55	8	0	1	2691	0	1	1	1	1
104	0	—	4.61	2	0	1	325	1	0	7	1	1
105	0	—	4.97	10	0	1	550	0	0	8	1	1
106	0	—	5.72	10	0	1	800	0	1	12	1	1
107	0	—	4.99	10	0	1	500	1	0	14	1	1
108	0	—	7.15	21	1	0	2000	1	1	10	1	1
109	0	—	5.30	1	0	1	500	0	0	12	1	1
110	0	—	7.03	1	0	1	500	0	0	1	1	1
111	0	—	5.41	1	0	1	500	1	0	13	1	1
112	0	—	6.21	10	1	0	750	1	0	5	1	1
113	0	—	6.74	10	0.35	0.65	3000	0	0	4	0	0

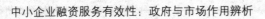

续表

样本编号	y (1/0)	year (年)	loan (%)	exp (年)	gov (%)	nongov (%)	scale (万元)	same (1/0)	ind (1/0)	period (年)	loc (1/0)	round (1/0)
114	0	–	5.71	1	1	0	765	1	1	6	0	0
115	0	–	5.99	4	0.783	0.217	500	0	1	10	1	1
116	0	–	5.85	3	1	0	550	1	0	2	1	1
117	0	–	6.22	1	0	1	1389	0	0	3	1	
118	0	–	6.15	8	0.613	0.387	857	1	0	1	0	1
119	0	–	6.89	10	0.091	0.909	2567	0	1	5	0	1
120	0	–	6.35	6	0	1	1784	0	0	2	0	0
121	0	–	5.87	8	1	0	800	0	0	1	0	1
122	0	–	6.31	5	0	1	2076	0	1	6	1	1
123	0	–	5.29	10	0	1	453	0	0	13	0	0
124	0	–	5.30	9	0	1	530	1	0	4	1	1
125	0	–	5.39	3	0	1	500	0	1	1	0	1
126	0	–	5.71	10	1	0	315	1	1	5	1	1
127	0	–	6.26	10	1	0	500	1	1	13	1	0
128	0	–	7.17	8	0	1	3000	0	0	8	1	1
129	0	–	7.09	1	0	1	3400	1	0	5	1	1
130	0	–	7.82	3	0.51	0.49	3500	0	0	1	1	1
131	0	–	5.99	9	1	0	500	0	1	2	1	1
132	0	–	6.93	3	0	1	2000	0	0	10	0	0
133	0	–	6.16	8	0	1	1350	0	0	7	1	0
134	0	–	6.12	10	0.085	0.915	2455	0	0	9	1	1
135	0	–	6.17	3	0	1	785	0	0	1	1	1
136	0	–	6.11	2	1	0	450	1	1	5	0	1
137	0	–	5.99	17	1	0	455	1	1	13	0	1
138	0	–	5.71	3	1	0	300	0	1	5	1	1
139	0	–	6.10	2	0.199	0.801	700	1	0	7	1	
140	0	–	5.83	19	0	1	700	1	1	2	1	1
141	0	–	5.70	3	0	1	500	0	0	6	1	1
142	0	–	6.12	1	0	1	1000	0	0	4	1	
143	0	–	6.14	17	1	0	500	1	0	15	0	1

续表

样本编号	y (1/0)	year (年)	loan (%)	exp (年)	gov (%)	nongov (%)	scale (万元)	same (1/0)	ind (1/0)	period (年)	loc (1/0)	round (1/0)
144	0	–	6.37	10	0	1	1050	1	0	16	1	1
145	0	–	5.56	7	0	1	350	0	0	16	1	1
146	0	–	5.58	1	0	1	1400	0	0	8	1	1
147	0	–	5.73	10	0	1	450	1	0	5	0	0
148	0	–	6.91	3	0	1	2420	0	0	3	1	0
149	0	–	6.21	10	0	1	1300	1	0	10	1	1
150	0	–	6.22	22	0	1	895	0	1	7	1	0
151	0	–	6.89	9	0	1	2300	0	0	2	0	1
152	0	–	5.83	1	0	1	800	0	1	10	1	1
153	0	–	6.71	8	1	0	870	0	1	7	0	1
154	0	–	6.80	2	0	1	2550	0	0	13	1	1
155	0	–	6.00	4	0	1	1200	0	0	4	0	1
156	0	–	6.36	4	0	1	1000	0	0	7	1	1
157	0	–	5.86	10	0	1	800	0	1	10	1	1
158	0	–	6.55	3	0	1	1350	1	0	15	1	1
159	0	–	7.63	10	0	1	3665	0	0	10	1	1
160	0	–	6.00	9	1	0	765	1	1	2	0	1
161	0	–	5.85	10	0	1	786	1	0	4	1	1
162	0	–	6.09	3	1	0	500	1	1	10	0	1
163	0	–	6.68	3	1	0	1500	1	0	10	0	1
164	0	–	6.31	3	0	1	1260	0	0	8	0	0
165	0	–	5.70	9	0	1	650	0	0	5	0	1
166	0	–	6.11	3	0.063	0.937	1000	1	0	1	1	1
167	0	–	5.69	5	1	0	500	0	0	3	0	1
168	0	–	5.86	1	0	1	500	1	1	2	1	1
169	0	–	5.33	4	0	1	346	0	0	2	0	1
170	0	–	5.85	3	0	1	1100	1	0	8	1	1
171	0	–	5.99	2	0	1	650	0	0	16	1	1
172	0	–	6.50	4	0	1	2300	0	0	9	1	1
173	0	–	5.44	5	0	1	435	1	0	3	1	1

样本编号	y (1/0)	year (年)	loan (%)	exp (年)	gov (%)	nongov (%)	scale (万元)	same (1/0)	ind (1/0)	period (年)	loc (1/0)	round (1/0)
174	0	–	6.55	17	1	0	800	1	0	10	1	1
175	0	–	6.33	10	1	0	580	1	1	20	1	1
176	0	–	5.98	3	0	1	700	0	0	3	1	1
177	0	–	5.81	4	0	1	885	0	0	6	1	1
178	0	–	6.17	8	0.389	0.611	1000	0	0	4	0	1
179	0	–	5.87	8	0.428	0.572	500	0	1	15	1	1
180	0	–	5.30	10	0	1	668	0	0	4	0	0
181	0	–	5.86	1	0	1	500	1	0	7	1	1
182	0	–	6.40	12	0.25	0.75	1050	0	0	6	1	1
183	0	–	5.81	21	0.632	0.368	890	0	1	1	1	1
184	0	–	6.55	4	0	1	1300	0	1	2	1	1
185	0	–	7.60	9	1	0	3400	1	0	6	0	1
186	0	–	6.57	8	1	0	1000	1	1	2	1	1
187	0	–	6.22	3	0	1	1056	1	0	8	0	1
188	0	–	5.86	8	0	1	880	0	1	4	0	1
189	0	–	5.84	8	0.568	0.432	506	1	1	3	1	1
190	0	–	5.56	11	0	1	588	0	0	15	0	1
191	0	–	5.99	17	0	1	808	0	0	13	1	1
192	0	–	6.12	15	0	1	600	0	1	7	1	1
193	0	–	6.91	3	0	1	2008	0	0	17	1	1
194	0	–	6.15	2	0	1	1030	1	0	8	1	1
195	0	–	6.57	17	1	0	820	1	0	10	0	1
196	0	–	6.59	4	0	1	1856	0	0	10	0	1
197	0	–	5.77	4	0	1	760	1	0	8	0	1
198	0	–	5.70	3	0	1	568	0	0	9	1	1
199	0	–	6.91	2	1	0	2000	1	1	1	1	1
200	0	–	6.31	17	0.516	0.484	1000	1	1	5	1	1
201	0	–	5.72	1	0	1	600	0	1	8	1	1
202	0	–	6.68	1	0.773	0.227	1450	1	1	1	1	1
203	0	–	5.70	1	1	0	675	0	0	4	1	1

续表

样本编号	y (1/0)	year (年)	loan (%)	exp (年)	gov (%)	nongov (%)	scale (万元)	same (1/0)	ind (1/0)	period (年)	loc (1/0)	round (1/0)
204	0	–	6.80	3	0.595	0.405	1200	0	0	1	0	1
205	0	–	5.86	4	0	1	1000	0	0	11	1	0
206	0	–	6.07	8	1	0	680	0	1	2	1	1
207	0	–	5.71	10	0	1	660	0	0	3	1	1
208	0	–	6.21	9	0.818	0.182	500	1	1	6	1	1
209	0	–	6.20	1	0	1	1008	1	1	13	0	1
210	0	–	6.12	1	0	1	650	1	0	13	1	1
211	0	–	5.31	1	0	1	458	1	0	3	0	1
212	0	–	6.78	10	1	0	1720	1	0	4	1	1
213	0	–	6.47	3	0	1	1000	0	0	2	1	1
214	0	–	7.47	10	0	1	3380	0	0	10	1	1
215	0	–	5.88	1	0	1	1320	0	0	5	1	0
216	0	–	6.21	10	1	0	1095	0	1	10	1	1
217	0	–	5.76	18	0	1	785	0	0	13	1	1
218	0	–	6.13	1	0	1	650	0	1	1	1	1
219	0	–	5.98	5	0	1	550	0	0	3	1	1
220	0	–	6.20	10	1	0	488	1	1	23	1	1
221	0	–	6.48	2	0	1	980	0	1	4	1	0
222	0	–	5.81	7	0	1	558	0	0	14	0	0
223	0	–	6.94	8	1	0	1200	0	1	11	0	1
224	0	–	5.22	18	0	1	500	0	1	5	0	1
225	0	–	5.52	5	0	1	387	0	1	4	1	0
226	0	–	5.87	3	0	1	858	0	0	3	1	1
227	0	–	5.44	13	1	0	500	0	0	3	1	1
228	0	–	7.52	1	0	1	3500	0	1	12	1	1
229	0	–	6.89	4	0	1	1000	0	0	13	0	1
230	0	–	6.68	1	0.54	0.46	889	1	0	1	0	1
231	0	–	5.90	9	0	1	500	0	0	2	1	1
232	0	–	5.64	6	0.27	0.78	500	1	1	8	1	1
233	0	–	7.65	4	0	1	6500	0	1	8	1	0

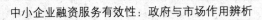

续表

样本编号	y (1/0)	year (年)	loan (%)	exp (年)	gov (%)	nongov (%)	scale (万元)	same (1/0)	ind (1/0)	period (年)	loc (1/0)	round (1/0)
234	0	–	8.52	9	0.82	0.18	8900	0	1	6	0	1
235	0	–	5.91	12	0	1	800	0	0	32	0	1
236	0	–	6.10	8	0.32	0.68	500	0	1	8	1	1
237	0	–	6.08	19	0	1	550	0	1	10	1	1
238	0	–	6.57	6	0	1	1200	0	0	12	1	1
239	0	–	6.55	11	0	1	1000	1	1	5	1	1
240	0	–	6.53	21	0	1	1000	0	0	8	1	1
241	0	–	6.34	4	0	1	800	1	0	9	1	0
242	0	–	8.01	9	0.36	0.64	7500	0	1	10	1	1
243	0	–	6.91	5	0	1	2356	1	1	14	1	0
244	0	–	7.76	8	0	1	5025	0	0	9	1	1
245	0	–	6.90	1	0	1	2000	1	0	1	0	1
246	0	–	6.21	18	0	1	1200	1	0	8	0	1
247	0	–	5.70	1	0	1	890	1	1	1	1	0
248	0	–	6.21	11	0	1	1500	1	0	10	1	1
249	0	–	5.53	6	0.92	0.08	350	1	1	3	1	1
250	0	–	6.13	8	0	1	1000	0	0	2	1	1
251	0	–	5.30	11	0	1	455	0	1	11	1	1
252	0	–	6.29	16	1	0	1000	0	1	1	1	1
253	0	–	6.21	3	0	1	1200	1	0	8	1	1
254	0	–	6.11	8	0	1	1200	1	0	7	1	1
255	0	–	7.09	6	0	1	2300	1	1	8	1	1
256	0	–	6.65	11	0.52	0.48	800	0	1	8	1	1
257	0	–	5.70	4	0	1	800	0	0	6	1	1
258	0	–	6.92	1	0	1	2000	0	0	15	0	1
259	0	–	6.48	1	0	1	1293	1	0	3	1	1
260	0	–	6.05	2	0.27	0.73	700	1	1	41	1	1
261	0	–	6.88	9	1	0	1000	0	1	6	1	1
262	0	–	6.11	21	0	1	1000	1	1	18	1	1
263	0	–	5.70	2	0	1	850	0	0	24	0	0

续表

样本编号	y (1/0)	year (年)	loan (%)	exp (年)	gov (%)	nongov (%)	scale (万元)	same (1/0)	ind (1/0)	period (年)	loc (1/0)	round (1/0)
264	0	–	6.40	2	0	1	1200	0	0	4	0	1
265	0	–	5.78	3	0	1	1000	0	0	3	1	0
266	0	–	6.39	11	0	1	1500	1	1	8	0	1
267	0	–	6.98	3	0.28	0.72	2300	0	0	23	1	1
268	0	–	5.91	8	0	1	1000	1	0	11	1	1
269	0	–	7.86	9	1	0	4800	1	0	15	0	1
270	0	–	6.30	1	0	1	1000	0	0	12	1	1
271	0	–	6.90	21	0	1	1600	1	0	20	1	1
272	0	–	5.94	3	0	1	780	0	0	12	1	1
273	0	–	6.21	11	1	0	800	1	0	8	1	1
274	0	–	6.88	7	0	1	1800	0	0	12	1	1
275	0	–	5.16	3	0	1	320	0	1	12	1	1
276	0	–	5.69	3	0	1	750	1	1	10	1	1
277	0	–	5.94	3	0	1	1200	1	0	6	1	1
278	0	–	5.86	8	0.23	0.77	800	1	0	2	0	1
279	0	–	6.21	10	0	1	1000	1	1	10	1	1
280	0	–	6.24	10	0.065	0.935	1350	1	0	5	1	0
281	0	–	7.60	1	0	1	5000	0	0	2	0	0
282	0	–	7.09	4	0	1	2000	1	0	5	1	1
283	0	–	6.39	11	1	0	880	0	1	8	0	1
284	0	–	6.33	1	0	1	1000	0	0	13	0	1
285	0	–	6.20	21	0	1	1800	0	1	15	1	1
286	0	–	5.72	11	0	1	900	1	0	7	1	1
287	0	–	6.31	11	0.75	0.25	850	1	1	19	1	1
288	0	–	7.21	21	0	1	3500	0	1	14	1	0
289	0	–	6.99	11	0.135	0.865	3000	0	0	10	0	1
290	0	–	6.21	11	1	0	750	1	1	10	1	1
291	0	–	5.74	1	0	1	700	0	0	15	1	1
292	0	–	5.52	21	0	1	600	0	0	10	1	1
293	0	–	5.30	10	0	1	285	1	1	1	1	1

续表

样本编号	y (1/0)	year (年)	loan (%)	exp (年)	gov (%)	nongov (%)	scale (万元)	same (1/0)	ind (1/0)	period (年)	loc (1/0)	round (1/0)
294	0	–	6.73	8	0	1	1500	0	0	13	0	1
295	0	–	7.65	1	0	1	4500	1	0	17	0	0
296	0	–	6.22	1	0	1	1300	1	0	12	1	1
297	0	–	6.37	4	0	1	7500	1	1	4	1	0
298	0	–	6.86	9	0.363	0.637	2000	1	0	1	1	1
299	0	–	6.85	11	0.21	0.79	2000	0	0	6	0	1
300	0	–	5.93	4	0	1	1000	1	0	6	1	1
301	0	–	6.62	1	0.57	0.43	1500	0	1	2	1	1
302	0	–	6.39	1	0	1	1350	1	0	17	0	1
303	0	–	7.60	2	0	1	8000	0	1	10	0	0
304	0	–	6.21	8	0	1	1000	0	0	12	0	1
305	0	–	8.37	21	0	1	7000	0	0	12	0	0
306	0	–	5.34	6	0	1	500	0	0	1	1	1
307	0	–	6.53	21	0	1	1500	0	0	16	0	0
308	0	–	5.72	18	1	0	300	1	1	9	1	1
309	0	–	5.31	18	1	0	200	1	1	10	0	1
310	0	–	6.08	6	1	0	500	1	0	9	1	1
311	0	–	5.58	11	0	1	800	0	0	10	1	1
312	0	–	5.99	4	0.635	0.365	1200	1	0	10	0	0
313	0	–	5.29	18	1	0	250	1	1	1	1	1
314	0	–	5.44	9	0	1	500	1	0	10	1	1
315	0	–	7.85	12	0.845	0.155	3000	1	1	23	0	1
316	0	–	5.48	10	0	1	500	1	1	2	1	1
317	0	–	5.86	9	0	1	500	0	0	7	1	1
318	0	–	6.13	11	1	0	500	0	1	16	0	1
319	0	–	6.23	3	0	1	1200	0	0	11	1	1
320	0	–	6.60	5	0	1	1800	1	1	6	1	1
321	0	–	5.22	3	0	1	400	1	0	3	1	1
322	0	–	5.85	4	0	1	650	0	0	16	0	1
323	0	–	6.20	1	0	1	800	1	0	6	1	1

样本编号	y (1/0)	year (年)	loan (%)	exp (年)	gov (%)	nongov (%)	scale (万元)	same (1/0)	ind (1/0)	period (年)	loc (1/0)	round (1/0)
324	0	–	5.87	8	0	1	500	1	0	15	1	1
325	0	–	7.24	1	0	1	5000	0	0	12	1	0
326	0	–	7.62	5	0	1	3500	0	0	18	0	1
327	0	–	5.44	21	0	1	850	0	0	4	0	0
328	0	–	6.94	5	0	1	9000	1	1	8	1	1
329	0	–	6.74	1	0	1	2500	1	0	13	0	1
330	0	–	7.52	5	0	1	5000	0	1	33	0	0
331	0	–	6.79	6	0	1	1236	1	0	19	1	0
332	0	–	6.01	4	0	1	850	0	0	5	1	0
333	0	–	6.91	2	0	1	6250	0	0	5	0	1
334	0	–	6.66	9	0	1	2000	0	0	20	1	1
335	0	–	6.36	21	0	1	1000	1	0	25	0	1
336	0	–	6.40	10	0	1	2500	0	0	20	0	1
337	0	–	5.53	8	0	1	900	0	0	10	0	1
338	0	–	6.68	11	0	1	1450	0	1	5	1	1
339	0	–	6.06	8	0	1	1000	1	1	6	1	1
340	0	–	5.52	3	0	1	500	1	0	15	1	1
341	0	–	5.85	2	0.22	0.78	1000	0	0	2	0	0
342	0	–	6.80	11	0	1	3400	1	0	9	1	1
343	0	–	6.68	6	0	1	1800	0	0	16	0	0
344	0	–	6.12	21	0	1	1050	1	0	12	1	1
345	0	–	5.32	1	0	1	500	1	1	8	1	1
346	0	–	6.38	1	1	0	600	1	0	10	1	1
347	0	–	5.24	11	0	1	350	1	0	5	0	0
348	0	–	6.09	6	1	0	500	0	0	7	1	1
349	0	–	6.10	11	0	1	750	0	0	6	1	0
350	0	–	6.00	4	0	1	1000	1	0	6	1	1
351	0	–	6.33	1	0	1	1200	0	0	15	1	1
352	0	–	6.11	11	1	0	600	1	1	4	1	0
353	0	–	6.17	4	0	1	1200	0	0	6	0	0

续表

样本编号	y (1/0)	year (年)	loan (%)	exp (年)	gov (%)	nongov (%)	scale (万元)	same (1/0)	ind (1/0)	period (年)	loc (1/0)	round (1/0)
354	0	–	6.89	12	0	1	2000	1	0	21	1	1
355	0	–	5.41	1	0	1	500	0	1	41	1	1
356	0	–	5.98	9	0	1	850	0	0	11	1	1
357	0	–	5.53	10	0	1	550	1	1	10	0	1
358	0	–	5.72	21	0	1	350	0	0	19	0	1
359	0	–	6.37	11	0	1	2000	1	0	3	1	1
360	0	–	6.78	19	0	1	2000	0	0	13	1	1
361	0	–	6.55	9	0.55	0.45	800	0	1	19	0	1
362	0	–	6.21	11	0	1	2000	0	1	6	0	1
363	0	–	6.69	9	1	0	800	1	0	10	1	1
364	0	–	5.99	9	1	0	500	0	0	8	1	1
365	0	–	5.63	11	1	0	358	0	0	11	1	1
366	0	–	6.92	4	0	1	3000	1	1	16	1	1
367	0	–	5.70	11	1	0	625	0	0	14	0	1
368	0	–	6.90	11	0.11	0.89	2008	0	1	12	1	1
369	0	–	6.22	1	0	1	1100	1	0	10	1	1
370	0	–	6.89	11	0	1	1500	1	1	8	1	1
371	0	–	6.47	13	1	0	800	0	1	1	1	1
372	0	–	6.69	4	0	1	3000	0	0	10	1	1
373	0	–	5.55	21	0	1	550	0	0	2	1	1
374	0	–	5.30	4	0	1	500	0	1	10	1	1
375	0	–	5.29	4	0	1	800	0	0	2	0	1
376	0	–	5.88	6	0.41	0.59	480	1	1	5	1	1
377	0	–	6.00	1	0	1	950	1	1	8	1	1
378	0	–	6.27	8	0	1	1100	0	0	4	1	1
379	0	–	5.41	12	0	1	300	0	1	12	1	1
380	0	–	5.29	4	0	1	450	1	0	9	1	1
381	0	–	5.94	1	1	0	500	0	1	10	1	1
382	0	–	6.22	21	0	1	1350	0	0	9	1	1
383	0	–	7.21	1	0	1	3000	1	1	1	1	1

样本编号	y (1/0)	year (年)	loan (%)	exp (年)	gov (%)	nongov (%)	scale (万元)	same (1/0)	ind (1/0)	period (年)	loc (1/0)	round (1/0)
384	0	–	5.52	1	0	1	400	0	0	10	0	1
385	0	–	5.70	9	0	1	1000	1	1	3	1	1
386	0	–	5.44	11	0	1	600	1	0	21	1	1
387	0	–	5.84	3	0	1	550	1	1	5	1	1
388	0	–	6.01	3	0	1	780	0	0	3	1	1
389	0	–	5.51	5	0	1	500	0	0	9	1	1
390	0	–	6.90	6	0	1	2550	0	1	1	1	1
391	0	–	5.34	5	0	1	450	0	0	3	1	1
392	0	–	7.21	3	0	1	5000	0	1	9	0	1
393	0	–	6.91	4	0.182	0.818	3000	1	1	10	1	1
394	0	–	5.44	2	0	1	480	0	0	2	1	1
395	0	–	5.30	5	0	1	400	0	0	1	1	1
396	0	–	5.32	6	0	1	460	0	0	1	1	1
397	0	–	5.31	6	0.11	0.89	350	0	1	1	1	1
398	0	–	6.19	21	0	1	1050	0	0	4	1	1
399	0	–	5.87	4	0	1	700	1	1	3	1	1
400	0	–	5.52	13	0	1	300	0	0	11	0	1
401	0	–	5.31	1	0	1	250	1	0	6	1	1
402	0	–	5.56	4	0	1	540	1	1	13	1	1
403	0	–	5.70	3	0	1	650	0	0	10	0	1
404	0	–	5.86	4	0	1	800	1	1	10	1	1
405	0	–	5.63	1	0	1	560	0	0	1	0	0
406	0	–	4.61	11	0	1	125	1	0	9	1	1
407	0	–	6.47	18	0.686	0.314	1000	0	1	2	0	1
408	0	–	5.31	9	0.25	0.75	550	0	0	10	0	1
409	0	–	6.62	21	0	1	4800	0	0	4	1	0
410	0	–	6.20	2	0	1	1200	0	0	1	1	0
411	0	–	6.13	3	0	1	800	0	0	11	0	1
412	0	–	6.10	5	0	1	1000	1	0	5	1	1
413	0	–	5.39	3	0	1	480	1	0	8	1	1

样本编号	y (1/0)	year (年)	loan (%)	exp (年)	gov (%)	nongov (%)	scale (万元)	same (1/0)	ind (1/0)	period (年)	loc (1/0)	round (1/0)
414	0	–	5.86	20	0	1	650	0	1	2	0	1
415	0	–	6.12	19	0	1	1200	1	0	1	1	0
416	1	6	–	1	0	1	9611	1	0	1	1	0
417	1	5	–	1	0.68	0.32	5000	0	0	1	0	1
418	1	1	–	4	0.994	0.006	3800	1	1	1	1	1
419	1	4	–	5	0.43	0.57	5000	0	1	2	1	0
420	1	2	–	8	1	0	1840	0	1	3	1	1
421	1	4	–	2	0.666	0.334	3100	1	0	12	1	0
422	1	2	–	7	1	0	1006	1	1	8	1	1
423	1	6	–	15	0	1	5000	1	0	7	1	0
424	1	6	–	1	0	1	7500	1	0	8	1	0
425	1	6	–	10	0.795	0.295	5250	1	1	6	1	1
426	1	2	–	15	1	0	7064	1	1	4	1	1
427	1	5	–	2	0	1	4100	0	0	1	1	1
428	1	5	–	3	0	1	3550	0	0	3	1	1
429	1	2	–	10	0.863	0.134	6700	0	1	7	1	1
430	1	5	–	1	0	1	2200	0	1	8	1	1
431	1	4	–	7	0.455	0.545	1300	1	1	3	1	1
432	1	4	–	20	0	1	6900	1	0	23	1	1
433	1	4	–	3	0	1	1896	0	1	8	1	1
434	1	5	–	1	0	1	1400	0	0	13	1	0
435	1	4	–	10	0	1	2800	0	0	9	1	1
436	1	4	–	5	0	1	4700	0	0	3	1	1
437	1	5	–	5	0	1	1500	1	1	11	1	1
438	1	1	–	2	1	0	1050	1	1	8	1	1
439	1	5	–	2	1	0	1890	1	0	5	1	0
440	1	2	–	2	1	0	1790	0	1	10	1	1
441	1	2	–	3	0	1	2550	0	0	10	0	1
442	1	6	–	18	0	1	4900	1	0	21	1	1
443	1	5	–	10	0	1	2000	0	1	3	0	1

续表

样本编号	y (1/0)	year (年)	loan (%)	exp (年)	gov (%)	nongov (%)	scale (万元)	same (1/0)	ind (1/0)	period (年)	loc (1/0)	round (1/0)
444	1	2	–	10	1	0	2300	0	1	7	0	1
445	1	5	–	2	0	1	2000	0	0	3	0	1
446	1	4	–	6	0	1	2300	0	0	9	1	1
447	1	4	–	4	0	1	3200	0	1	12	1	1
448	1	4	–	3	1	0	5000	0	0	7	1	1
449	1	2	–	2	1	0	4500	1	1	9	1	1
450	1	1	–	1	1	0	3550	1	1	3	1	1
451	1	4	–	10	0	1	1310	0	0	10	1	1
452	1	3	–	4	1	0	5200	0	1	14	0	1
453	1	2	–	5	0	1	3400	1	0	15	1	0
454	1	5	–	3	0	1	2980	0	0	5	1	1
455	1	4	–	1	0	1	1585	0	0	16	1	1
456	1	2	–	1	0	1	3657	1	0	11	1	1
457	1	1	–	2	1	0	1180	1	1	9	1	1
458	1	5	–	11	0	1	1065	1	0	12	1	1
459	1	5	–	10	0	1	1180	0	1	16	0	1
460	1	4	–	10	0	1	1350	0	1	10	1	1
461	1	2	–	4	0	1	3875	1	1	13	1	1
462	1	2	–	13	1	0	2656	0	1	7	1	1
463	1	1	–	10	1	0	1875	0	1	11	1	1
464	1	1	–	2	0	1	3555	0	0	8	0	0
465	1	2	–	2	0	1	4380	0	0	12	1	1
466	1	5	–	10	0	1	1356	1	1	5	1	1
467	1	4	–	10	0	1	1005	0	1	10	1	1
468	1	1	–	10	1	0	3450	0	1	10	1	1
469	1	6	–	5	0	0	2300	0	0	5	1	1
470	1	1	–	2	1	0	2100	1	1	7	1	1
471	1	4	–	16	0	1	1740	0	1	8	1	0
472	1	3	–	8	0	1	1380	1	0	7	1	1
473	1	4	–	4	0	1	3400	0	0	5	0	1

样本编号	y (1/0)	year (年)	loan (%)	exp (年)	gov (%)	nongov (%)	scale (万元)	same (1/0)	ind (1/0)	period (年)	loc (1/0)	round (1/0)
474	1	1	–	18	0	1	5788	1	0	35	1	0
475	1	2	–	4	0	1	2060	1	0	11	1	1
476	1	1	–	2	1	0	3055	1	1	14	1	1
477	1	1	–	20	0	1	3678	0	0	15	1	1
478	1	4	–	3	0	1	1150	0	0	8	0	1
479	1	1	–	8	0	1	1657	1	0	9	1	1
480	1	1	–	1	0	1	2660	0	0	10	1	1
481	1	1	–	10	0	1	1230	0	1	17	0	1
482	1	3	–	3	0	1	2760	0	0	21	1	0
483	1	1	–	2	0.451	0.549	2500	1	0	7	1	1
484	1	1	–	8	0.412	0.588	1550	0	0	2	1	1
485	1	2	–	10	1	0	1000	1	1	22	1	1
486	1	5	–	2	0	1	5000	0	0	13	1	0
487	1	2	–	2	0	1	1098	1	1	5	0	0
488	1	1	–	10	0	1	3458	0	1	17	0	1
489	1	4	–	3	0	1	5500	0	0	45	0	1
490	1	5	–	10	0.5	0.5	1050	1	1	4	1	1
491	1	2	–	2	0	1	1890	1	0	11	1	1
492	1	3	–	18	0.28	0.72	22700	0	1	6	1	1
493	1	2	–	1	0	1	3373	1	0	16	1	1
494	1	5	–	1	0	1	8120	1	0	17	1	1
495	1	4	–	20	0	1	6300	0	0	6	1	1
496	1	4	–	24	0.25	0.75	10300	1	1	3	1	1
497	1	4	–	1	0	1	6900	0	0	1	0	0
498	1	2	–	1	0	1	5740	1	0	10	1	1
499	1	3	–	1	0	1	9166	1	0		1	
500	1	4	–	5	0	1	7500	0	1	7	1	1
501	1	4	–	4	0	1	4647	1	0	20	1	0
502	1	5	–	11	0	1	8200	0	0	8	0	1
503	1	4	–	1	0	1	9200	0	0	14	0	0

续表

样本编号	y (1/0)	year (年)	loan (%)	exp (年)	gov (%)	nongov (%)	scale (万元)	same (1/0)	ind (1/0)	period (年)	loc (1/0)	round (1/0)
504	1	4	–	10	0	1	20000	1	0	10	1	0
505	1	5	–	1	0	1	10000	0	0	5	1	1
506	1	5	–	1	0	1	15000	1	0	8	1	0
507	1	5	–	20	0	1	5700	0	1	16	1	0
508	1	3	–	10	1	0	2277	1	1	5	0	1
509	1	5	–	1	0	1	9015	1	0	13	1	1
510	1	4	–	2	0	1	4200	1	0	8	1	0
511	1	4	–	2	0	1	14900	1	0	11	1	0
512	1	3	–	3	0	1	16000	1	0	13	1	1
513	1	4	–	4	0	1	10000	1	1	4	1	1
514	1	1	–	4	0	1	8700	0	0	11	1	1
515	1	4	–	24	0.091	0.909	7400	0	0	5	1	0
516	1	4	–	11	0.581	0.419	8200	0	1	5	0	1
517	1	4	–	1	0	1	8600	1	0	6	1	1
518	1	5	–	13	0	1	6668	0	0	6	0	0
519	1	3	–	17	0.096	0.904	7200	1	0	5	1	1
520	1	5	–	11	0	1	7500	0	0	11	1	1
521	1	4	–	9	0.435	0.565	10000	1	1	10	1	0
522	1	4	–	3	0	1	10000	1	0	12	1	0
523	1	5	–	3	0	1	9691	0	0	11	1	1
524	1	5	–	4	0	1	8638	0	0	17	0	0
525	1	4	–	2	0	1	10800	0	0	15	0	0
526	1	4	–	1	0	1	15600	1	0	13	1	0
527	1	4	–	3	0	1	11700	0	0	5	1	0
528	1	5	–	11	0.046	0.954	8267	1	0	8	1	1
529	1	4	–	9	0.55	0.45	9075	0	1	5	0	1
530	1	5	–	10	0	1	10000	1	1	6	1	0
531	1	4	–	5	0	1	14800	1	0	15	1	0
532	1	4	–	1	0	1	8700	1	0	1	1	0

注：表格中各指标的文字表达及经济含义见第 5 章相关内容。

参 考 文 献

［1］巴劲松：《从"浙江模式"的经验看我国中小企业信用担保模式的建立》，载于《上海金融》2007 年第 8 期。

［2］白钦先、王伟：《开发性政策性金融的理论与实践探析》，载于《财贸经济》2002 年第 4 期。

［3］白钦先、文豪：《论三维金融架构——哲学的人文的历史的与经济社会综合视角的研究》，载于《东岳论丛》2013 年第 6 期。

［4］蔡地、陈振龙、刘雪萍：《风险投资对创业企业研发活动的影响研究》，载于《研究与发展管理》2015 年第 10 期。

［5］曹凤岐：《建立和健全中小企业信用担保体系》，载于《金融研究》2001 年第 5 期。

［6］曹裕、白冰、黄健柏：《市场竞争与创新：对当前我国中小企业生存困境的分析—基于 Aghion－Dewatripont－Rey 模型的框架》，载于《管理世界》2009 第 8 期。

［7］陈共：《财政学》（第九版），北京：中国人民大学出版社 2012 年版。

［8］陈伟、杨大楷：《风险投资异质性对 IPO 影响研究——基于中小企业板的实证分析》，载于《山西财经大学学报》2013 第 3 期。

［9］陈伟：《风险投资的资本来源影响企业技术创新的机理分析和实证研究——基于非资本增值视角》，载于《商业经济与管理》2013 年第 9 期。

［10］陈晓红：《中小企业信用担保机构的框架设计》，载于《经济管理》2005 年第 5 期。

［11］崔杰、胡海青、张道宏：《非上市中小企业融资效率影响因素研究》，载于《软科学》2014 年第 12 期。

［12］董裕平：《小企业融资担保服务的商业发展模式研究——基于粤浙两省数据的情景模拟试验分析》，载于《金融研究》2009 年第 5 期。

［13］丁明：《民间金融与农村中小企业融资的互动机制分析》，载于《财经科学》2010 年第 3 期。

[14] 豆建民：《风险投资与区域创新》，上海财经大学出版社 2010 年版。

[15] ［日］福本智之：《日本中小企业政策性金融及其对中国的启示》，载于《国际金融》，2015 年第 11 期，第 11－14 页。

[16] 郭斌、刘曼路：《民间金融与中小企业发展：对温州的实证分析》，载于《经济研究》2002 年第 10 期。

[17] 郭丽婷：《社会信任、政治关联与中小企业融资》，载于《金融论坛》2014 年第 4 期。

[18] 郭娜：《政府·市场·谁更有效——中小企业融资难解决机制有效性研究》，载于《金融研究》2013 年第 3 期。

[19] 郭田勇、张馨元：《民间金融改革需破"门"》，载于《金融市场研究》2012 第 7 期。

[20] 郭喜才：《基于互联网金融背景下的中小型科技企业融资问题研究》，载于《科学管理研究》2014 第 2 期。

[21] 郝蕾、郭曦：《卖方垄断市场中不同担保模式对企业融资的影响——基于信息经济学的模型分析》，载于《经济研究》2005 年第 9 期。

[22] 胡竹枝、邹帆、李明月：《市场失灵、政府失效与第三种力量缺失——中小企业融资困境辨析》，载于《广东金融学院学报》2007 年第 1 期。

[23] 黄澜：《建设复合型中小企业信用担保体系的思考》，载于《宏观经济管理》2008 年第 1 期。

[24] 黄庆安：《农村融资性担保机构的运作模式及其效率——一个社会资本的分析视角》，载于《上海金融》2014 第 12 期。

[25] 黄阳华、罗仲伟：《我国劳动密集型中小企业转型升级融资支持研究——最优金融结构的视角》，载于《经济管理》2014 年第 11 期。

[26] 贾康、孟艳：《我国政策性金融体系基本定位的再思考》，载于《财政研究》2013 年第 3 期。

[27] 金雪军：《纾解中小企业融资困境策略研究》，科学出版社 2016 年版。

[28] 科斯：《企业的性质——交易成本经济学经典名篇选读》，人民出版社 2008 年版。

[29] 陆岷峰：《后危机时代中小企业融资难解决路径——基于中小企业融资性质的思考》，载于《现代经济探讨》2010 年第 2 期。

[30] 罗国锋：《中国风险投资透视》，经济管理出版社 2012 年版。

[31] 罗荷花、李明贤：《小微企业融资需求及其融资可获得性的影响因素分析》，载于《经济与管理研究》2016 年第 2 期。

[32] 罗正英：《中小企业集群信贷融资：优势、条件与对策》，载于《财贸经济》2010 年第 2 期。

[33] 吕劲松：《关于中小企业融资难、融资贵问题的思考》，载于《金融研究》2015 年第 11 期。

[34] 李朝晖：《我国 P2P 网络借贷与小微企业融资关系的实证研究》，载于《现代经济探讨》2015 年第 2 期。

[35] 李广子、熊德华、刘力：《中小金融机构的发展缓解了中小企业融资约束吗？——兼析产生影响的多重中介效应》，载于《金融研究》2016 年第 12 期。

[36] 林辉、杨旸：《互联网金融及其在中小企业融资中的应用研究》，载于《华东经济管理》2016 年第 2 期。

[37] 李润平：《生命周期、融资条件、行业分类与中小企业融资——基于浙江省中小企业银行信贷数据的经验分析》，载于《当代经济科学》2014 年第 4 期。

[38] 林毅：《政策性融资担保与中小企业融资约束——基于担保圈风险的思索》，载于《区域金融研究》2014 年第 12 月。

[39] 李毅、向党：《中小企业信贷融资担保缺失研究》，载于《金融研究》2008 年第 12 期。

[40] 李扬、杨思群：《中小企业融资与银行》，上海财经大学出版社 2011 年版。

[41] 李勇：《中小企业融资困境、民间借贷困境与制度改革》，载于《当代经济管理》2013 第 2 期。

[42] 林毅夫：《金融体系、信用和中小企业融资》，载于《浙江社会科学》2001 年第 6 期。

[43] 林毅夫、孙希芳、姜烨：《经济发展中的最优金融结构理论初探》，载于《经济研究》2009 年第 8 期。

[44] 凌江怀、匡亚文：《信用环境对中小企业融资约束的影响——基于世界银行中国企业调查数据的实证研究》，载于《华南师范大学学报》2016 年第 6 期。

[45] 马松、潘珊、姚长辉：《担保机构\信贷市场结构与中小企业融资——基于信息不对称框架的理论分析》，载于《经济科学》2014年第5期。

[46] 梅强、谭中明等：《中小企业信用担保理论、模式及政策》，经济管理出版社2002年版。

[47] 潘永明、刘曼：《基于互联网金融的中小企业融资模式创新》，载于《商业经济研究》2015年第5期。

[48] 彭江波：《以互助联保为基础构建中小企业信用担保体系》，载于《金融研究》2008年第2期。

[49] 沈凯：《中小企业信用担保制度研究》，载于《中共中央党校学报》2006年第6期。

[50] 谭之博、赵岳：《企业规模与融资来源的实证研究——基于小企业银行融资抑制的视角》，载于《金融研究》2012年第3期。

[51] 魏开文：《中小企业融资效率模糊分析》，载于《金融研究》2001年第6期。

[52] 王慧梅：《打造居民家门口的"私人银行"——2015年社区银行客户调查报告》，载于《中国银行业》2015年第3期。

[53] 王健翔、王晓红：《中小企业公共服务平台建设与需求研究》，工业和信息化部软科学课题组研究报告，2009年。

[54] 王水雄：《中国金融市场化的层级性与边界性——着眼于中小企业融资担保的一项探讨》，载于《社会学评论》2014年第4期。

[55] 王筱萍：《民间资本与中小企业融资对接的风险诱因与控制机制》，经济科学出版社2016年。

[56] 王元等：《中国创业风险投资发展报告2015》，经济管理出版社2015年版。

[57] 文学舟、梅强：《基于主成分分析的三种担保机构经营绩效比较及评价——以江苏担保实践为例》，载于《华东经济管理》2013年第6期。

[58] 吴敏、高蓉蓉：《商业银行中小企业融资效率及存在的问题分析》，载于《经济体制改革》2015年第3期。

[59] 夏祥谦：《各省区市金融发展水平的比较研究》，载于《金融理论与实践》2014年第1期。

[60] 向华、杨招军：《新兴融资模式下中小企业投融资分析》，载于《中国管理科学》2017年第4期。

[61] 肖卫、东李肆：《农村中小企业公共服务平台的服务模式：一个政府主导型复合服务模型》，载于《中国行政管理》2014 年第 12 期。

[62] 谢奉君、潭仕敏：《中小企业融资担保体系中政府行为分析》，载于《特区经济》2009 年第 1 期。

[63] 谢平、邹传伟：《互联网金融模式研究》，载于《金融研究》2012 年第 12 期。

[64] 徐军辉：《中国式影子银行的发展及其对中小微企业融资的影响》，载于《财经科学》2013 第 2 期。

[65] 徐细雄、林丁健：《基于互联网金融的小微企业融资模式创新研究》，载于《经济体制改革》2014 年第 6 期。

[66] 薛菁、侯敬雯：《中小企业融资信用担保体系参与主体利益冲突与均衡分析》，载于《商业研究》2012 年第 6 期。

[67] 姚耀军、董钢锋：《中小银行发展与中小企业融资约束研究——新结构经济学最优金融结构理论视角下的经验》，载于《财经研究》2014 年第 1 期。

[68] 杨大楷、陈伟：《风险投资背景对我国创业板 IPO 影响分析》，载于《同济大学学报》（社会科学版）2012 年第 10 期。

[69] 杨虎锋、何广文：《商业性小额贷款公司能惠及三农和微小客户吗?》，载于《财贸研究》2012 年第 1 期。

[70] 杨龙：《政府"失灵"的主要表现及其原因分析》，载于《学术界》2004 年第 3 期。

[71] 杨毅：《基于四维度综合评价体系的中小企业融资绩效研究——融资难度、资金成本、时间效率和民间融资》，载于《金融理论与实践》2015 年第 2 期。

[72] 杨中和：《中西部地区中小企业融资担保组织模式选择和国际经验借鉴》，载于《湖南社会科学》2008 年第 1 期。

[73] 殷孟波、翁舟杰、梁丹：《解读中小企业贷款难理论谜团的新框架——租值耗散与交易费用视角》，载于《金融研究》2008 年第 5 期。

[74] 殷志军、朱发仓：《信用担保机构运行效率实证研究——以浙江省为例》，载于软科学 2011 年第 11 期。

[75] 于海珊、杨芷晴：《税收优惠对中小企业投融资能力的影响》，载于财政研究 2016 第 12 期。

[76] 曾江洪、侯赞：《中小企业再担保机构运作模式选择的数理分析》，载于《统计与决策》2007 年第 21 期。

[77] 张夏青：《三类担保公司运行效率实证分析——以河南省担保公司为研究样本》，载于《科技进步与对策》2015 年第 4 期。

[78] 张晓玫、宋卓霖、何理：《银企关系缓解了中小企业融资约束吗？——基于投资现金流模型的检验》，载于《当代经济科学》2013 年第 9 期。

[79] 张学勇、廖理：《风险投资背景与公司 IPO——市场表现与内在机理》，载于《经济研究》2011 年第 6 期。

[80] 张玉华：《中国风险投资地域集聚现象及其驱动因素分析——基于空间面板数据模型的实证研究》，载于《上海师范大学学报》（哲学社会科学版）2014 年第 6 期。

[81] 张玉明、王春燕：《协同视角下科技型中小企业融资信用治理机制研究》，载于《山东大学学报》（社科版）2017 年第 1 期。

[82] 张志民、张小民、刘晋秦、延军平：《中国政策性创业投资机构的功能定位研究》，载于《科学学研究》2007 年第 4 期。

[83] 赵楠：《中国各地区金融发展的统计学描述》，载于《统计研究》2007 年第 7 期。

[84] 中国风险投资研究院：《中国风险投资年鉴》（2009～2015 年），民主与建设出版社 2009～2015 年版。

[85] 钟成林：《科技型中小企业融资困境及金融支持政策研究》，载于《南京审计大学学报》2016 年第 3 期。

[86] 钟田丽、弥跃旭、王丽春：《信息不对称与中小企业融资市场失灵》，载于《会计研究》2003 年第 8 期。

[87] 钟田丽：《中小企业融资与互助担保》，经济科学出版社 2016 年版。

[88] 周泽炯：《民间金融对中小企业融资的支持研究——基于信息不对称的角度》，载于《沈阳大学学报》2015 年第 1 期。

[89] 周宗安：《科技型中小企业融资能力评价与创新研究——以山东省为例》，载于《经济与管理评论》2014 年第 11 期。

[90] 左志刚：《政府干预风险投资的有效性：经验证据及启示》，载于《财经研究》2011 年第 5 期。

[91] Allen N. Berger, Gregory F. Udell, "The Economics of Small Business

Finance: The Roles of Private Equity and Debt Markets in the Financial Growth Cycle", *Journal of Banking and Finance*, Vo (6–8), 22, 1998, p. 613–673.

[92] Allen N. Berger, Leora F. Klapper, Gregory F. Udell, "The Ability of Banks to Lend to Informationally Opaque Small Businesses", *Journal of Banking and Finance*, Vol2. 25, 2001, p. 2127–2167.

[93] Allen N. Berger, Margaret K. Kyle, Joseph M. Scalise, *Did U.S. Bank Supervisors Get Touched During the Credit Crunch? Did They Get Easier During the Banking Boom? Did It Matter to Bank Lending?* NBER Working Paper No. 7689, Issued in May 2000.

[94] Allen N. Berger, Nathan H. Miller, Mitchell A. Petersen, Raghuram G. Rajan, Jeremy C. Stein, *Does Function Follow Organizational Form? Evidence From the Lending Practices of Large and Small Banks*, NBER Working Paper No. 8752, Issued in Feb. 2000, p. 1–51.

[95] Ardic, O., Mylenko, N., Saltane, V., *Small and Medium Enterprises Across – Country Analysis with a New Data Set*, World Bank Policy Research Paper, 2012NO 5538.

[96] Beck, T., A. Demirguc Kunt, "Small and Medium Size Enterprises: Access to Finance as a Growth Constraint", *Journal of Bunking and Finance*, Vol1. 30, 2006, p. 2931–2943.

[97] Beck, T., A. Demirguc Kunt, Martinez Peria, *Bank Financing for SMEs around the World: Drivers, Obstacles, Business Models, and Lending Practices*, World Bank Policy Research Working Paper NO4785.

[98] Beck, T., A. Demirguc – Kunt, Maksimovic, V., "Financing Patterns around the World: Are Small Firms Different?", *Journal of Financial Economics*, Vo3. 89, 2008, p. 467–487.

[99] Beck Thorsten, Levine Ross, Loayza Norman, "Finance and Source of Growth", *Journal of Financial Economics*, Vo6. 58, 1999, p. 261–310.

[100] Beck Ulrich, "Living in the world risk society", *Economy and Society*, Vo3. 35, 2006, p. 329–345.

[101] Berger, A. N., Rosen, R. J., Udell, G. F., "Does Market Size Structure Affect Competition?", *The Case of Small Business Lending*, Vol. 31, 2007, p. 11–33.

［102］Berger, A. N. , Udell G. F, "Relationship Lending and Lines of Credit in Small Firm Finance", *Journal of Business*, Vo3. 68, 1995, p. 351 – 381.

［103］Bergen, A. N. , Udell, G. F. , "The Economics of Small Business Finance: The Roles of Private Equity and Debt Markets in the Financial Growth Cycle", *Journal of Banking and Finance*, Vo6. 22, 1998, p. 613 – 673.

［104］Bharath, S. T. , Pasquariello, P. , Wu, G. J. , "Does Asymmetric Information Drive Capital Structure Decisions?" *Review of Financial Studies*, Vo8. 22, 2009, p. 3211 – 3043.

［105］Boschi Melisso, "Partial Credit Guarantees and SMEs Financing", *Journal of Financial Stability*, Vol2. 15, 2014, p. 182 – 194.

［106］Brander James, A. , Du Qianqian, Hellmann Tomas, F. , *Government as Venture Capitalists: Striking the right balance*//Globalization of Alternative Investments: Working Paper Volumn 3//The Goble Economic Impact of Private Equity Report 2010, p. 27 – 38.

［107］Brander James, A. , Egan Edward, J. , Hellmann Tomas, F. , *Government Sponsored versus Private Venture Capital: Canadian Evidence* , NBER working paper No. 14029, 2008.

［108］Briozzo Anahi, Vigier Heman, "The Role of Personal Loans in the Financing of SMEs", *Academia Bogota*, Vo2. 27, 2014, p. 209 – 225.

［109］Chan, Y. S. , Thakor, A. V. , "Collateral and Competitive Equilibria with Moral Hazard and Private Information", *The Journal of Finance*, Vo2. 42, 1987, p. 345 – 363.

［110］Christian Keuschnigg, Soren Bo Nielsen, "Tax Policy, Venture Capital, and Entrepreneurship", *Journal of Public Economics*, Vo87, 2002, p. 175 – 203.

［111］Claessens, S. , "Access to Financial Services: a Review of the Issues and Public Policy Objectives", *World Bank Research Observer*, Vo2. 21, 2006, p. 207 – 240.

［112］Claire Lelarge, David Sraer, David Thesmar, Entrepreneurship and Credit Constraints: Evidence from a French Loan Guarantee Program, A chapter of *International Differences in Entrepreneurship*, University of Chicago Press,

2010, p. 243 – 273.

[113] Cole, R. A., "The Importance of Relationships to the Availability of Credit", *Journal of Banking and Finance* , Vo7. 22, 1998, p. 959 – 977.

[114] Columba F. Gambacorta, Paolo Emilio Mistrulli, P. E., "Mutual Guarantee Institutions and Small Business Finance", *Journal of Financial Stability*, Vo. 6, 2010, p. 45 – 54.

[115] Cowling, M., Mitchell, P., "Is the Small Firms Loan Guarantee Scheme Hazardous for Banks or Helpful to Small Business? ", *Small Business Economics*, Vo. 21, 2003, p. 63 – 71.

[116] Cull Robert, Davis Lance, E., Lamoreaux Naomi, R., Rosenthal Jean – Laurent, "Historical Financing of Small and Medium – size Enterprises", *Journal of Banking and Finance*, Vo11. 30, 2006, p. 3017 – 3042.

[117] Dewatripont, M., Maskin, E., "Credit and Efficiency in Centralized and Decentralized Economies", *Review of Economic Studies*, Vo4. 62, 1995, p. 541 – 555.

[118] Dong Yan, "SME Financing in Emerging Markets: Firm Characteristics, Banking Structure and Institutions", *Emerging Markets Finance & Trade*, Vol. 50, 2014, p. 120 – 149.

[119] Douglas, J. Cumming, Schmidt Daniel, Walz Uwe, "Legality and Venture Capital Governance around the World", *Journal of Business Venturing*, Vol. 25, 2010, p. 54 – 72.

[120] Douglas, J., "Capital Structure in Venture Finance", *Journal of Corporate Finance*, Vo11, 2005, p. 550 – 585.

[121] Firth, M., C. Lin, P. Liu, S. Wong, "Inside the Black Box: Bank Credit Allocation in China's Private Sector", *Journal of Banking & Finance*, Vo6. 33, 2008, p. 1144 – 1155.

[122] Fisman Raymond, Roberta Gatti, "Decentralization and Corruption: Evidence Across Countries", *Journal of Public Economics*, Vo3. 83, 2002, p. 325 – 345.

[123] Fred Weston, Eugene F. Brigham, *Managerial Finance*, Holt, Rinehart & Winston of Canada Ltd, 1970.

[124] Fuller Douglas, B., "How Law Politics and Transnational Networks

Affect Technology Entrepreneurship: Explaining Divergent Venture Capital Investing Strategies in China", *Asia Pacific Journal of Management*, Vo3. 27, 2010, p. 445 – 459.

[125] Hege Ulrich, Palomino Frédéric, Schwienbacher Armin, *Determinants of Venture Capital Performance: Europe and the United States*, LSE Working Paper No. 001, 2003.

[126] Inderst, R., Mueller, H. M., "Munnich F. Financing a Portfolio of Projects—the Role of Venture Capital", *Review of Financial Studies*, Vo4. 20, 2007, p. 1289 – 1325.

[127] Irwin, D., Scott, J. M., "Barriers faced by SMEs in Raising Bank Finance", *International Journal of Entrepreneurial Behavior & Research*, Vo3. 16, 2010, p. 245 – 259.

[128] Jindrichovska, I., "Financial Management in SMEs", *European Research Studies Journal*, Vo16, 2013, p. 79 – 96.

[129] Jiming Li, Yewei Chen, Yuhong Zhou, Anna Tao, "An Empirical Study on Difference Factors for SMEs' Financing Efficiency: Evidence from SMEs in Zhejiang Province of China", *Journal of Applied Sciences*, Vo22. 13, 2013, p. 5204 – 5209.

[130] Joel M. Podolny, "Networks as the Pipes and Prisms of the Market", *American Journal of Sociology*, Vo1. 107, 2001, p. 33 – 60.

[131] Kellee S. Tsai, *Financing Small and Medium Enterprises in China: Recent Trends and Prospects beyond Shadow Banking*, HKUST IEMS Working Paper No. 2015 – 24, 2015.

[132] Klapper, L., "The Role of Factoring for Financing Small and Medium Enterprises", *Journal of Banking & Finance*, Vo11. 30, 2006, p. 3111 – 3130.

[133] Kortum, S., Lerner, J., "Assessing the Contribution of Venture Capital to Innovation", *BAND Journal of Economics*, Vo4. 31, 2000, p. 674 – 692.

[134] Kuo, C. J., Chen, C. M., Sung, C. H., "Evaluating Guarantee Fees for Loans to Small and Medium – sized Enterprises", *Small Business Economic*, Vo2. 37, 2011, p. 205 – 218.

［135］Kwok Chuck, C. Y., "Tadesse Solomon A. National Culture and Financial Systems", *Journal of International Business Studies*, Vo2. 37, 2006, p. 227 – 247.

［136］Leary Mark, T., Roberts Michael, R., "Do peer firms affect financial policy?", *The Journal of Finance*, Vol. 69, 2014, p. 139 – 178.

［137］Leleux Bernoid, Surlemon Bernard, "Public Versus Private Venture Capital: Seeding or Crowding out?", *Journal of Business Venturing*, Vol. 18, 2003, p. 81 – 104.

［138］Lerner Josh, "When Bureaucrats Meet Entrepreneurs: The Design of Effective Public Venture Capital Programs", *The Economic Journal*, Vo3. 112, 2003, p. 73 – 84.

［139］Lev Ratnovskiand, Aditya Narain, *Public Financial Institutions in Developed Countries—Organization and Oversight*, IMF Working Paper, 2007.

［140］Marsto David, Aditya Narain, *Observations from an IMF Survey*, The Future of State – Owned Financial Institutions, Brookings Institution, Washington, D. C, 2004.

［141］Mateev, M., Panikkos, P., Ivanov, K., "On the Determinants of SMEs Capital Structure in Central and Eastern: a Dynamic Panel Analysis", *Research in International Business and Finance*, Vol. 27, 2013, p. 28 – 51.

［142］Megginson William, L., Wiss Kathleen, A., "Venture Capitalist Certification in Initial Public Offerings", *The Journal of Finance*, Vo3. 146, 1991, p. 879 – 903.

［143］Oh, I., Lee, J. D., "Heshmati A. Evaluation of Credit Guarantee Policy Using Propensity Score Matching", *Small Business Economies*, Vo33, 2009, p. 336 – 350.

［144］Okafor, R. G., "Financial Management Practices of Small Firms in Nigeria: Emerging Tasks for the Accountant", *European Journal of Business and Management*, Vo4. 19, 2012, p. 159 – 169.

［145］Ola Bergstro, Peter Dobers, "Organizing Sustainable development: from Diffusion to Translation", *Sustainable Development*, Vo4. 8, 2000, p. 167 – 179.

［146］Pengfei Luo, Huamao Wang, Zhaojun Yang, "Investment and Financing for SMEs with a Partial Guarantee and Jump Risk", *European Journal of Operational Research*, Vo3. 249, 2016, p. 1161 – 1168.

[147] R. Gaston Gelos, Alejandro M. Werner, "Financial liberalization, credit constraints, and collateral: investment in the Mexican manufacturing sector", *Journal of Development Economics*, Vol. 67, 2002, p. 1 – 27.

[148] Ronen Harel, Dan Kaufmann, "Financing Innovative SMEs of Traditional Sectors: the Supply Side", *Euromed Journal of Business*, Vol. 11, 2006, p. 84 – 100.

[149] Richard Nyangosi, J. S., Arora, S. S., "The Evolution of E – banking: a Study of Indian and Kenyan Technology Awareness", *International Journal of Electronic Finance*, Vo2. 3, 2009, p. 149 – 165.

[150] Sharpe, S. A., "Asymmetric Information, Bank Lending, and Implicit Contracts: A Stylized Model of Customer Relationships", *Journal of Finance*, Vo9. 45, 1990, p. 1069 – 1087.

[151] Shen, Y., Shen, M., Xu, Z., Bai, Y., "Bank Size and Small and Medium sized Enterprise (SME) Lending: Evidence from China", *World Development*, vo4. 37, 2009, p. 800 – 811.

[152] Spiros Bougheas, Paul Mizen, Cihan Yalcin, "Access to External Finance: Theory and Evidence on the Impact of Monetary Policy and Firm – specific Characteristics", *Journal of Banking & Finance*, Vol. 30, 2006, p. 199 – 227.

[153] Stiglitz Joseph, E., Weiss Andrew, "Credit Rationing in Market with Imperfect Information", *The American Economic Review*, Vo3. 71, 1981, p. 393 – 410.

[154] Straham Philip, E., Weston James, "Small business lending and Consolidation: Is There Causefor Concern?", *Economics & Finance*, Vo3. 2, 1996, p. 1 – 6.

[155] Thorsten Beck, Asli Demirgüç – Kunt, Ross Levine, *Financial Institutions and Markets across Countries and over Time: Date and Analysis*, Policy Research Working Paper for The World Bank, 2007.

[156] Van Tongeren, "Microsimulation of Corporate Response to Investment Subsidies", *Journal of Policy Modeling*, Vo2. 20, 1998, p. 55 – 75.

［157］ Viorica Cerbusca，"Financing SME Future Development"，*Economy and Sociology*，Vol. 4，2015，p. 139 – 142.

［158］ Wattanapruttipaisan，T.，"Four Proposals for Improved Financing of SME Development in ASEAN"，*Asian Development Review*，Vo2. 20，2003，p. 1 – 45.

［159］ Xuan Tian，"The Causes and Consequences of Venture Capital Stake"，*Financing Journal of Financial Economics*，Vol. 10，2011，p. 132 – 159.

［160］ Zhang，Z.，"The Advantage of Experienced Start – up Founders in Venture Acquisition：Evidence from Serial Entrepreneurs"，*Small Business Economics*，Vo2. 36，2011，p. 187 – 208.

后　记

　　自 2003 年开始参与国家社科基金项目的申报，2009 年开始从事中小企业融资问题的研究，几年坚持和努力，申报的项目"中小企业融资服务体系中政府与市场作用有效性研究"在 2014 年获得国家社科基金立项。从立项到结项的三年中，克服了企业调研、资料收集、模型设计、指标选取等研究中的困难，终于按时完成课题，顺利结项。看着成绩为良好的结项证书，三年的辛苦竟都记不起来了。

　　本书的主要内容来自国家社科基金项目的结项成果。书中将政府与市场关系理论研究成果与中小企业融资服务实践相结合，以"提高中小企业融资服务效率，缓解中小企业融资困境"为视角，较为全面地探析了中小企业融资服务体系中政府与市场作用有效性问题。但是多元化中小企业融资服务体系中，政府与市场作用有效性是一个复杂的研究课题，由于资料和学术水平的限制，难免存在不足与疏漏，真诚期待同行和读者的批评指正，我们将在后续研究中进一步完善。

　　最后，在本书即将出版之际，借此机会向帮助获取本书中调研资料和数据的朋友、有关部门，积极配合调研的企业、融资担保机构，及本书中所有被引用文献的作者致以最真诚的谢意。

薛菁

二〇一八年六月

图书在版编目（CIP）数据

中小企业融资服务有效性：政府与市场作用辨析/薛菁，
罗妙成著．—北京：经济科学出版社，2018.8
（福建省社会科学研究基地财务与会计研究中心系列丛书）
ISBN 978 - 7 - 5141 - 9684 - 9

Ⅰ.①中…　Ⅱ.①薛…②罗…　Ⅲ.①中小企业 - 企业
融资 - 研究 - 中国　Ⅳ.①F279.243

中国版本图书馆 CIP 数据核字（2018）第 199317 号

责任编辑：赵　蕾
责任校对：蒋子明
责任印制：李　鹏

中小企业融资服务有效性：政府与市场作用辨析
薛菁　罗妙成　著
经济科学出版社出版、发行　新华书店经销
社址：北京市海淀区阜成路甲 28 号　邮编：100142
总编部电话：010 - 88191217　发行部电话：010 - 88191540
网址：www.esp.com.cn
电子邮件：esp@esp.com.cn
天猫网店：经济科学出版社旗舰店
网址：http://jjkxcbs.tmall.com
北京季蜂印刷有限公司印装
710×1000　16 开　11.5 印张　200000 字
2018 年 8 月第 1 版　2018 年 8 月第 1 次印刷
ISBN 978 - 7 - 5141 - 9684 - 9　定价：42.00 元
（图书出现印装问题，本社负责调换。电话：010 - 88191510）
（版权所有　翻印必究　举报电话：010 - 88191586
电子邮箱：dbts@esp.com.cn）